# 逆境へのドロップキック

## 新聞奨学生だった青年が経営者になるまでの物語

稲田彰典
INADA AKINORI

幻冬舎 MC

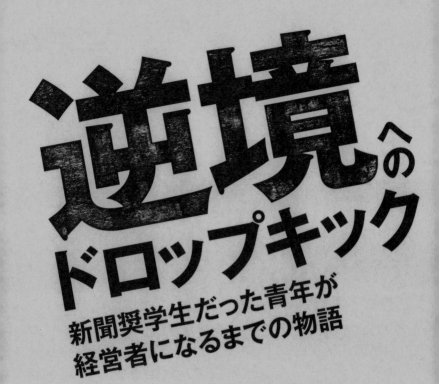

# 逆境へのドロップキック

## 新聞奨学生だった青年が経営者になるまでの物語

# まえがき

この随筆の多くは、社外秘の備忘録として書き残していたものです。家族にも内緒にして引き出しに仕舞っていましたが、年齢的にも元気な時期はそう長くないので、人生をしたためたものとして折角なので公表しようという気持ちになりました。

多くの人はご自分の足跡を書き残すことなく一生を終えるのが普通でしょう。その点、私自身は文章を書くことがまったく苦にならないので、小説を書くような才能はなくとも、随筆として自分の考えを文章化することは可能だろうと考え、自分の歩んだ人生を一通り纏めることを決意して十年くらい前から書き始めました。

私は、幼い時の両親の離婚によって高校卒業まで祖父母に育てられ、卒業後に上京して社会人になり、はじめは一端のサラリーマンだったはずがあらゆる運命が絡み合い、最終的には一企業の経営者になっていました。

誰しも人生において、人には言えない様々な苦労があるはずです。私はいつしか、それらの苦労は自分が人間として成長するために与えられたものだと考えるようになりました。

本稿は私の生い立ちや人生の足跡をすべて記したものではありませんが、ほんの少しだけでも皆様方に共感していただければ幸いです。四、五歳頃からの記憶は六十年以上も過ぎた今でも少しありますので、記憶を辿りながら当時に遡って話を進めたいと思います。

私の書籍をお読みいただき、同じような苦労をなさっている人に少しでも勇気が与えられたらこの上なくうれしく思います。

# 目次

## 後編　――　社会人になって

前編

# 生い立ち

# 誕生から幼児期

私は一九五二年四月二日、福岡県嘉穂郡（現在は嘉麻市）嘉穂町で生まれました。嘉穂町は炭鉱町で、五木寛之の『青春の門』の舞台となった筑豊炭田の地域です。当時の話は母親が存命中に何度も聞かされました。

二人目の私を妊娠中から父親との離婚話が進んでいたため、母は中絶しようかどうかと迷っていたようです。母は叔母から産んだほうが将来のために必ずよいからと諭されて、不安ながらも私を産んだそうです。早生まれになって学年が一年早くならないように、四月一日の深夜まで我慢して明朝四月二日に私を出産したとのことです。

私が生まれてからも夫婦の折り合いは悪く、父の異性関係のことで毎日夫婦喧嘩が絶えなかったと聞いています。父は結婚後早々に何人もの愛人をつくり、家を留守にすることも多かったと母は言っていました。

母の話では、赤ん坊の私を抱いてあやすどころか両親とも家を留守にして、長時間寝かされてばかりだったといいます。私の頭部が絶壁なのは寝過ぎたせいだという へ理屈まで聞かされました。

二人がどんな夫婦だったのかを、母の姉妹から少しは聞いたことがありますが、離婚に至るまでの真相は残念ながら私にはわかりません。しかし、私の育ての親である祖父母の話をすることで父の実像も推測できるかもしれません。

祖父母は、熊本県の三角半島から船で二時間半ほど行ったところに浮かぶ天草諸島の上島にある、天草郡（現在は天草市）倉岳町という人口六千人くらいの町で山仕事をしながら農業を営んでいました。しかし、父の進学のために現金収入を得ようと故郷を離れて、遠く離れた福岡まで出稼ぎに出て、夫婦で昼夜を問わず炭鉱で働き、父を大学に通わせました。

父は飯塚市にあった明治専門学校（現在の九州工業大学）で当時エリート学部と言われていた鉱山学部を終戦後に卒業し、その後、田川郡（現在の田川市）で三菱炭鉱会社に勤めました。父は小中時代から秀才だったようですが、一人息子で大事にされ過ぎたせいなのか、自由奔放に生きる人間だったようです。

父と母は、父が学徒出陣で戦地へ行くかもしれないという時に、親同士が話し合って若くして見合いをし、婚約しました。父が海軍航空隊の予備学生として入隊後、終戦。明治専門学校を卒業して就職するのに合わせて所帯を持ったにもかかわらず、父の女性関係か何かで結婚生活も社会人生活も順調に進まなかったのではないかと想像します。

その後、昭和二十七年に二人の第二子として生まれたのが私です。私が物心つく前に両親は離婚し、離婚後に社宅を出た後、私は母と二人で田川郡の炭鉱町にある貸家に住み始めました。そこで私は幼稚園に通い始めたのですが、母は貸家で小さな駄菓子屋を営みました。傍らでお好み焼きも販売していたので、当時の味は大人になって食べたお好み焼きより美味しかったことを今でも懐かしく覚えています。

私の性格は両親が不仲だったにもかかわらず卑屈にならず、当時から非常に開放的で明るく振る舞っていたようです。近くには仲のいい遊び友達も何人かいました。当時、隣の肉屋さんと母親との相性が非常に悪く、私がしでかしたことが原因で、母親は時々肉屋さんから暴力を振るわれていましたので、遂には商売も諦めて、私も幼稚園を退園することになって、一年足らずで母と一緒に飯塚の実家で暮らすことになりました。

その後、母の実家でどのような話し合いがなされたのか私にはわからないいま、気が付くと母に連れられて熊本県天草郡の父の実家にたどり着いていました。母は一夜明けていなくなりましたが、当時五歳だった私は初めて、この世に父親や兄弟が存在することを知りました。

子どもの将来を考えて兄弟一緒にした方がいいという話し合いの上でこの結論に至り、母はやむなく自力での私の養育を諦めたようです。しかし、無念にも母が親権を渡したにもかかわらず、肝心の父はその当時も家を空けることが多く、再婚予定の愛人と遠方の市街地に事業を兼ねて住んでおり、子育ては祖父母に任せて、自分の世界で自由に生きていました。

母方の中村家は、昭和二十年代当時は炭坑の景気で沸いた飯塚町で質屋を営んでいました。番頭さんも十人くらい抱えて金融業も兼ねて当時としては大変栄えていました。母親は五人兄弟（女四人、男一人）の長女で厳格に育てられたようで、しっかりした意志を持ち、毅然とした態度でプライドも高かったと聞いたことがあります。家が裕福だったので、兄弟姉妹そろって高等教育も受けていました。昭和三十年頃に発売されたばかりで市内にはほとんどなかったテレビがありました。祖父は、お金に困った人に質入れ品を担保にお金を貸していたのですが、人の面倒見がよく、素晴らしい人格者だったそうです。父方の稲田家は経済力で劣り、母方の豊かさに圧倒されていたようです。まだ私は幼児でしたが、母方の祖父には人情の機微のようなものを、何となく感じていました。もし、福岡県の都会で裕福な家庭の子どもとして育てられていたら、その後の私の人生は変わっただろうと思います。人の運命は本当にわからないものです。

母が天草へ私を連れてきた時に、初めて父の存在を知るとともに、複雑な気持ちで後妻となる予定の女性とも対面しました。子どもながらに美しい人だと感じたのですが、女優のように色白で綺麗な顔立ちの人でした。父がその女性に惹かれたのも理解できますし、実母だったら良かったと思えるような優しい人でした。

天草に住んで町の保育園に通うようになりましたが、片道四キロの道のりを毎日歩いて通っていましたので、先生方も可愛がってくれて、そのうち母親のこともすっかり忘れて通学を楽しむようになったようです。年長の担任は鶴戸先生という目のぱっちりした美人の先生で、一期生で可愛がられたのか、今でも園長先生と鶴戸先生の顔は鮮明に覚えています。

五歳の私には両親の離婚の経緯など理解できるはずもなく、子どもなりに両親が自分のことをどう考えているのか知りたかったのですが、いつのまにかその悩みも忘れてしまいました。

　ただ、その日まで連れ添ってくれていた母が私を父の家に預けてから急によそよそしい態度に変わったのをかすかに覚えています。父と再婚予定の女性に気を遣ったのでしょうか、翌日目を覚ましたら母の姿はありませんでした。急な出来事に驚きとともに寂しくて泣き止まなかったことを鮮明に覚えています。母がなぜ私を置き去りにしたのか理解できず、泣きながら周囲の家族たちに訴えかけたようです。私は幼かったし、家族も私に詳しい事情を説明するのが辛かったのでしょう。

　早朝に家を出た母も後ろ髪を引かれる思いだったと思います。兄弟が一緒に育ったほうがいいという気持ちはあっても、精神的にも経済的にも二人を養う自信がなく、仕方なくこっそり去ったのでしょう。母がどれほど悲しく悔しかったか……成長してから母の思いがわかるようになりましたが、この時は自分を置き去りにした母を罵倒し、恨んでいたようです。また、父の新しい女の人が優しく接してくれたので、すぐに親しみを感じるようになりました。離れて住むことになった母の心境はどれほど悔しくて寂しかったろうかと、私も成長してから母の思いを想像することができるようになりました。

一方の父ですが、一人っ子で大事に育てられたせいか、好奇心旺盛で自由奔放な性格が厳格な母とは合わなかったのだと思います。

父は明治専門学校を卒業後に折角就職した会社を辞めて自ら起業し、母と別居後に九州一帯の学校で文部省推薦作品などの教育映画を興行する会社を経営していました。家庭を顧みない父がどうして文部省の教育映画を普及する仕事に就いたのか事情はわかりません。父は長男坊でありながら実家の農業は祖父母に任せて、自分のやりたいことを優先して行動する人のようでした。大人になって考えますと、父は家庭を持つ資格がないのに親の言いなりになって結婚して、配偶者に不満で家庭まで捨ててしまうような人間だったようです。教育映画を仕事にするような人間がどうして子ども心を理解しようとしなかったのか、親としても一人の人間としても理解できないくらい不思議に感じています。

父は頭脳は明晰で学業も優れていたようですが、頑固で利己的で我儘な性格は終生変わらなかったように見えました。父の行動が尊敬できなかったので、私の人生には父の生き方が大いに反面教師になりました。

幼少の頃は父が学校で教育映画を放映するのに連れていかれたことが何度かあります。後妻になる人を車に乗せて行動していましたので、いつかこの人が稲田家の母として振る舞うのだろうと想像していました。その人が父の最愛の女性であったことは、父が亡くなった後、遺品を整理して見つかったその女性に対する長い恋文を読んで理解できました。

父は多額の借金をしながら収入が不安定な仕事を続けていましたので家計は火の車なのにもかかわらず、実家の農業はすべて他人まかせで一切手伝いませんでした。祖父母と小学生だった私を含めた男兄弟二人が中心になって苦しい生活の中で農業を営んでいました。

そんなある日、父が婚前旅行中に滋賀県の彦根山中で交通事故を起こし、愛人の方は即死で、父も瀕死の重傷を負いました。この事故を契機に、わが家は借金を丸抱えで債権者に取り立てられることになり、稲田家の運命が急変しました。

父の会社の事業は多額の借金の上で成り立っていたようです。それが事故で大怪我をして、さらには長期入院で働けない最悪の事態に陥りました。わが家は広大な山や田畑を所有していましたが、すべて借金の担保として差し押さえられてしまいました。祖父母は手足をもぎとられたような気持ちだったと思います。当時、祖父は村長の経験もあり村中で知られた存在でしたが、一転してみじめで気の毒な立場となってしまいました。父が作った莫大な借金のために長年にわたり貧乏な生活を強いられました。

父親が真面目に会社勤めをして堅実な生活を送っていれば、家族に不幸も訪れず私たち兄弟の人生もまた違った形に進んでいたと思います。しかし、このような境遇で育った私は、自分の人生を今では一切後悔していません。寧ろどん底からでも徐々に良くなれればと思って、子どもの頃から明るく前向きに生きてきたつもりです。

借金漬けのみじめな生活の影響で、私自身は他人にお金を貸しても、決して他人からお金を借りることだけは今日までしないように生きてきました。持論ですが、他人から平気でお金を借りる人を人間的にあまり信用していません。苦しくても、自ら貧乏にひたすら耐えるしかないと考えているからです。欲に目がくらんで金銭的な損をする人がいますが、自業自得だと考えています。常に自らを律し、質素に徹する心構えが必要だと考えますし、家族や親しい仲間が信頼してくれていれば、金銭的な関係など寧ろないほうがいいと考えます。周囲の喜びや幸せは、必ず自分の喜びにつながります。

わが家の借金返済は長年に及び、ある程度完済されたのは私が高校を卒業する間近の頃でした。

# 小・中・高時代

入学した倉岳町立棚底小学校は、保育園より一段高くなった台地にありました。倉岳町は当時六千人強の人口でしたが、町の形が横長で小学校は五、六キロ間隔に三校ありました。さらに二キロ先にある倉岳中学校は、生徒がそれぞれ三つの村の小学校三校から集まってきたので、いろんな学力レベルや習慣の違う生徒がいました。私が住んでいたのは周囲を山に囲まれた辺ぴな集落で、家は八軒しかありません。日中は鳥の鳴き声しか聞こえないような静かな村でした。

通学は四キロ余りの道のりを歩いて登校していました。下校時は道草ばかりして、途中の海岸や畑の道端でいつも仲間と遊びながら帰宅していたことを思い出します。家に帰るとカバンをほうり投げて、毎日暗くなるまで外で遊んでいました。テレビもなかった時代ですから、野山を走り回ったり、近くの海に釣りに行ったり、貝掘りをして遊んだりする毎日でした。小学校の同級生たちも放課後に四キロを歩いて頻繁にうちに遊びに来てくれていました。

周りの人たちが特別に優しくしてくれたのは、今思うと両親がいないことを不憫に思ってくれていたからだと思います。当初は父が教育熱心だったこともあり、小学校低学年時は成績もほとんどオール「五」でしたが、その後は全く勉強しなくなり、高学年になると少し成績が落ちました。しかし、どういうわけか私は学校内でも地域でも人気者でした。祖母は私が学校からもらう表彰状の数が多かったので、家の壁一面に貼ってくれていました。記憶にある一番の栄誉は、小学校五年生の時に書いた作文が全国コンクールで入選したことです。作文は苦にならなくて子どもの頃から大好きでした。

一年生の時の担任は原田先生というベテランの教師で、わが子のように可愛がってくれました。先生の自転車で四キロ以上離れた家まで乗せてもらったことも何度かありました。家庭環境の不遇さもあり、目をかけてくれたのだと思います。二年生の担任は濱口礼子先生という、これまた鼻筋が通って髪をロールした女優さんのような人でした。この先生も自分の子どものように可愛がってくれました。

小学校時代は多くの表彰状をもらいました。自宅では勉強もほとんどしないで、隣近所の子どもたちと暗くなるまで遊ぶことばかりでしたが、目立ちたがり屋だったのか、いつも子どもたちの中ではリーダー的存在でした。

一番の思い出は、祖父とよく海へ魚釣りに出かけたことです。当時は車も船もないので、釣り竿を担いで祖父と海辺まで三十分ほど歩いて、餌取りをした後に岩場で釣りをしました。祖父は釣り船がとても欲しかったようだったので、元気なうちに小さな釣り船をプレゼントしてあげたかったです。祖母は晩飯のおかずの魚をいつも楽しみに待っていました。

自宅の周りは山に囲まれて田畑ばかりだったので、子どもの頃は山遊びや忍者ごっこをしたり、自然を相手に様々な遊びをして楽しみました。小学校の五、六年時にはソフトボールの選手としてピッチャーをしていたので、中学に入学してからもそのまま野球部に入部しました。

しかし、ある日の演習中に突然膝に痛みが走り、関節炎と診断されました。足を曲げることができなくなったため、大好きな野球は中学一年でやめることになりました。もっと残念なのは、左足の軟骨が痛み、手術しても治らず、球技が何もできなくなったことです。それで次は剣道部に入りました。膝が曲げられないので、正座をする武道はできないのですが、剣道は膝にそれほど負担がかからずに稽古ができました。剣道の防具は高くて買えなかったので、竹刀と剣道着だけを自前で買い、あとの防具は学校の古い所有物を使用していました。汗だくになると感じないのですが、剣道の練習を始める前の乾燥している防具は、部員の使い回しで汗臭くて嫌でした。それでも他の部員が使った汗臭い匂いと手垢のついた防具を辛抱して毎日使っていました。

中学時代は生徒数が多く、成績表が壁に貼られたこともあり、生徒同士で競争してお互いに張り合いながら勉強していました。私は学年では成績上位でしたが、もっと勉強ができる秀才が何人もいました。中学卒業後、半数は集団就職組で半数は進学組でしたので、中学以降は多くの同級生と違った人生を歩むことになりました。

私は経済的な理由で熊本市や本渡市内で下宿ができないために自宅から通える普通高校の分校へ進みました。今考えると高校時代は先生方との人間関係も深く、生涯を通しての友人もたくさんできました。私の町にあった分校は天草諸島の小さな島からも多くの生徒が集まってきていましたので、多彩な人材が豊富にいたのです。先生方も大学を出たばかりの新任教師が多かったので年齢的に先輩のような関係でした。

高校時代は自由に過ごしていましたが、祖父母の面倒を見るか大学に進むか迷っていました。兄が既に同じ高校を卒業して夜間の大学に通っていましたので、三年時の夏休みに同級生と上京して新聞販売所に泊めてもらって新聞配達の経験をしました。そして高校卒業後に上京しようとしたのですが、祖父母に反対されました。しかし、アルバイトして学費を稼いでから受験するつもりでいることを話して説得し、地元に戻り熊本の国立大学も受験することを条件に祖父母も仕方なく私の我儘を聞き入れてくれました。育ててくれた祖父母の恩に報いるために、役場か農協か郵便局に勤めて一緒に暮らして親孝行するという選択もありましたが、私としてはどうしても上京して大学受験を目指したかったのです。

今思えば、両親の離婚も、祖父母が親代わりになってくれたことも、私の人生に大きな影響を与えてくれました。決して落ち込まない私の楽観的な性格は、おそらく田舎の環境によって育まれたのだろうと考えています。「苦労は買ってでもしなさい」と、子どもの頃に祖母に教えられたことがあります。確かに子どもの頃の私の家は貧乏で、粟飯や麦飯が多く辛抱して食べていたこともありました。でも祖父母は惨めな思いを孫の私たちに決してさせたくないという気持ちが強く、その愛情は私たちの心に深く浸透しました。

昭和六十年に六十四歳で亡くなった父は、幼少時から別居生活をしていて関係があまりにも薄くて、残念ながらその本性はほとんどわかりません。波乱の人生を歩んできた父独自の生き方には、恨みはまったくなく、男としての自由な生き方にはかえって興味さえ覚えます。

母も波乱の人生というとその通りで、気の毒ながら家庭運に恵まれなかったというか、男運のない人でした。八十四歳で人生を終えましたが、母は一時も子どものことを忘れず、成人してからもずっと死ぬ間際まで子どものことを案じていました。両親から誕生したとはいえ、母親の母性本能は無責任に育児放棄した父親とは比較にならない大きさだと感じました。母は親として子どもを持った誇りと威厳を死ぬまで持ち続けていたように思います。私はそれを母と会うたびに感じました。

私自身も子どもにとって最高の親とはどんな親であろうかと自問自答しながら、父親としての責任を果たすべく今日まで生きてきましたが、それはこの両親の姿を見て育ったからでしょう。私の子どもたちも、いつしか親の育ってきた環境を知ったようです。

# 故郷を離れて

日本の新聞配達制度は素晴らしいもので、販売所に勤務する学生アルバイトなどによって、朝・夕刊が毎日のように自宅まで配達される仕組みになっています。

現在はどのような制度の下で行われているのかわかりませんが、私たちの学生時代には、新聞社が経済的に恵まれない人たちのために奨学生制度をつくっており、大学や専門学校の進学を目指す若者を経済的に支援してくれました。

　私は田舎の高校を卒業すると同時に、大学進学を目指して上京し、新聞奨学生として既に上京していた兄の紹介で、東京の下町である北区の赤羽駅からさらに歩いた志茂にある新聞販売所に住み込みで働くことになりました。当時の私は予備校に通う資金もないため、翌年の大学受験を目指して販売所内の寮での自宅浪人でした。

　地方の若者にとって進学するために新聞社の奨学生制度があるのは大変有り難いことでした。卒業するまで勤めることで新聞社から貸与された入学金や授業料はすべて返済免除となります。この制度があったお陰で今日の私自身の存在もありますので、新聞社には今でも大変感謝しています。

　新聞配達のアルバイトには奨学金以外の利点もあります。それは勤めた当日からお金がなくても食事も部屋も布団も作業着も与えられるという、衣食住が備わった生活を確保できることです。上京してお金がなくても、下着類など最低限の着る物があれば、生活するには何の不自由もなく、当然ですが新聞も自由に読める生活が保証されていました。

当時、都内の各新聞販売所は食事も待遇もまちまちで、小さな求人広告で「当所は美食」とうたっていた新聞販売所は誰しもが希望したものです。しかし私の店の食事は手の込んだ料理は出ず、とても美食とは言えませんでした。食べ盛りの若者ばかりで生活していましたので、配達の終了時間が遅いと、味噌汁は早い人に先を越されて汁のみで、具はほとんど残っていませんでした。でも毎日、朝夕の食事が出ただけでも満足でした。

若者の住むアパートには風呂がなくて、銭湯通いが普通でした。銭湯帰りの女性とすれ違う時のほのかな石けんの香りには、南こうせつの『神田川』の歌詞にあるような何とも言えない清潔感を抱いたものです。

新聞配達の仕事は、朝刊の配達から始まります。毎日、早朝四時に起床し、前の晩に夜遅くまでかけて折り込んだチラシを新聞に挟み込んで（新聞はさらに重くなります）、それを自転車の前後の荷台に載せて、まだ暗い街へ漕ぎ出していきます。雨の日には新聞を濡らさないように、今のように一部ずつビニールに包む機械などなく、ビニールで覆った自転車の荷台からお客様のポストへいち早く届けるのに大変な苦労をしました。時々、自転車が荷台の重さでひっくり返り新聞がバラバラに散らばることもありました。

現在はバイクでの配達が当たり前のようですが、当時は自転車のカゴに山ほど新聞を積み上げて、ゆらゆらしながらハンドルを握りしめて早朝の道路を走って配達していました。今思えば坂道や階段の上り下りでかなりの肉体労働でしたが、当時は体力も元気も真っ盛りだったので重労働もこなせたのだと思います。しかし、毎朝の早起きは何ものとも比較できないほどに辛くて大変でした。

とにかく忙しい新聞配達の仕事ですが、まるっきり余暇がないわけでもありません。ただし、休日といっても現在のように丸一日の休みはなく、休刊日は年に一月二日の朝刊しかありませんでしたので、日曜の夕刊がない時に日帰りでどこかへ出かけるぐらいでした。

当時は、販売所で一緒に寝泊まりする仲間とのおしゃべりや、自分の配達区域の顧客との集金時の立ち話なども楽しみの一つでした。配達区域のアパートで暮らしている若い男性や女性との集金時の何気ない立ち話は青春時代の良き思い出でもあります。新聞配達を通してお客様との人情の触れ合いが普通の時代でした。

販売所には実にいろいろな経歴の人がいて、中には真面目に社会人を目指しているのだろうかと疑われるような人もたくさんいました。受験生や現役大学生の新聞奨学生は新聞販売所で働く目的が明確でしたが、何を目的に働いているのか、どんな内面を持った人なのか、正体が知れない人もいました。食事は朝夕（日曜日は朝食のみ）しか出ないので、昼は大学の学食で済ませるか、大学の休日はアパートでインスタントラーメンとご飯で簡単に済ませていました。

　新聞配達員は真面目な人が多いのか、私の知る限り犯罪事件に巻き込まれた話はほとんど聞いたことがなかったですが、中途で販売所に入所してくる人の中には時々、人が騙されてしまいそうな虚言癖のある人もいました。そうした人とは、毎日世間話をして同じ釜の飯を食べながらも、当たらず触らずの関係でいるようにしました。

　この仕事で一番嬉しかったのは、配達先で牛乳をプレゼントされたり、すれ違うヤクルトおばさんからヤクルトを頂いたり、他社の新聞配達員と親しくなったり、新聞を交換したり、日々の挨拶をすることでした。配達先のお客様からお年玉を頂いたこともあり、今でも当時の思い出や感激は忘れられません。反対に配達の途中で怖くて嫌だったのは、飼い犬を鎖でつながずに放し飼いしている家が多かったので、犬に吠えられたり、追いかけられたりすることでした。だから当時は犬が大嫌いで、飼い犬からかみつかれたトラウマが夢から消えないこともありました。トラウマといえば、朝寝坊して店主から叩き起こされ、配達が遅れてお客様に叱られたり、お待たせしてご迷惑をかけたりした経験が、後に仕事を辞めてからも夢の中に何度も出てきたことでした。今日においてお客様に決して迷惑は掛けられないという責任感は、当時の新聞配達の経験で植え付けられたのかもしれません。

高校を卒業して上京した浪人中の十八歳の頃、中年の男性が新聞販売所に入所してきて次第に親しくなりました。その方は戦時中に中国に住んだことがあり、めずらしく中国語が上手くて、当初からの印象もとても親切で穏やかな性格に見えました。しかし実は前科のある人で、ある日、夜の繁華街で無銭飲食で逮捕されました。本人は私を呼んでくれと警察で言ったそうですが、警察は無視したようです。私はその人に大事なお金「三千円」（現在の価値で二万円弱くらい）を貸していたのですが、それらはすべてギャンブルに使われ、結局貸したお金は戻ってきませんでした。人に騙された経験もいい人生勉強になりました。田舎育ちで、上京したばかりの世間知らずな私には、その人の内面や人間性までは残念ながら見抜けませんでした。

そうして一年が経ち、仲間たちが都内の私立大学を受験する中、私は地方の国立大学の受験のため新聞配達を辞めて、地元の熊本に戻り受験しました。地元の大学を卒業して教員になり、育ててくれた祖父母の面倒を見るつもりでした。しかし国立大学の受験に失敗し、再び大学進学のため上京することになったのです。

再度上京して新聞広告欄で見つけたのは中野区沼袋にある新聞販売所でし

た。今度こそは大学受験に失敗できないので、確実に合格するために受験科目を五科目から三科目に絞り、私立大学を目指すことにしました。自力のみでは厳しい受験競争に勝ち抜くことは無理だと身に沁みましたので、西武新宿線の高田馬場駅前にある予備校に通うことにしました。

しかし、新聞配達をしながらでは時間が限られており、正直なところ受験勉強の時間が足りなかったのは事実です。でも真面目に予備校に通って翌年、漸《ようや》く私立大学の法学部に合格することができました。国立から私立に志望を変更しましたが、残念ながら第一志望には届きませんでした。

新聞販売所での地方の仲間との共同生活は、仕事は辛くても楽しさがあり、何十年経た今でも当時のことは良い思い出として鮮明に記憶に残っています。

# 大学時代

第一志望の受験は失敗しましたが、何とか二年間の浪人を経て晴れて明治学院大学に進学しました。入学して大いに助かったことは、大学から返済不要の成績優秀者奨学金と経済援助奨学金を併せてもらえたことです。おそらくさらに上位の大学に進学していたら、大学からの援助を受けることはできなかっただろうと思います。当時は規模の小さな大学でしたが、今でも明治学院大学には大変感謝しております。

当初は新聞販売所からなるべく近い距離にある大学を考えていましたが、入学した大学は初めに考えていた通学時間の予想をはるかに超える遠距離でした。西武新宿線の野方駅からJR線の目黒駅で下車してバスに乗り、白金台の明治学院前まで一時間半くらいはかかったと記憶しています。ですので、朝刊を配り終えて朝食をとった後、急ぎ足で通学しないと一限目には間に合いませんでした。

新聞配達の仕事をしながら昼間の大学に通うのは大変です。当時、新聞配達をしながら大学に通う人たちは夜学生が多かったのですが、私は我儘ながら昼間の大学へ通ったのです。今の時代ならいろんなアルバイトの仕事があるので、昼間の通学のために時間の調整が可能ですが、当時はコンビニや外食業界のようなアルバイト先はありませんでした。

一限から授業のある日の朝はなるべく早く起きて配達に出るようにしていた

のですが、雨の日は配達に時間がかかり遅刻せざるを得ませんでした。

新聞配達時代は学生仲間が入れ替わりでアパートに出入りしていました。深夜まで語り明かしたり、ギターを弾きながら歌ったりしましたが、騒ぎ過ぎてお隣からクレームが出たり、睡眠不足のまま新聞配達することも多々ありました。

しかし、大学に入ってからは自分で学費を出していることもあり、真面目に授業に出席しました。学部は法学部の法律学科ですが、法律全般の授業はためになりました。三学年から教員免許取得のために教職の科目を受講しましたので、最終的に普通の学生より多くの単位を取得して卒業することができました。

しかし、その一方で新聞販売所の仲間に影響を受けて競馬やパチンコにはまって抜けきれなくなった時期もありました。当時ギャンブルがまだ現在のように大衆化していなかったので、学生でギャンブルにはまる人は少なかったと思います。当時のギャンブルは一般の人が堂々と行うものではなく、何となく暗いイメージがあり、背広を着た一般サラリーマンの趣味としては人の誤解を招くようなところがありました。私はたまたま新聞販売所の先輩につられて買った馬券が大当たりして、病みつきになった状況から抜け出ることがなかなか困難になっていました。

最初の二年間は新聞配達をしていましたが、この仕事ももう四年間続けたので、残りの二年間はゆとりのある通学時間を考えて、品川区内の東急池上線の荏原中延駅近くのアパートに引っ越しました。新聞配達を辞めるに当たって、新聞社から借りていた奨学金の残額をお支払いして、無事に退職することができました。しかし、これからは授業料も生活費もすべて自分で生計を立てなければなりません。やっと見つけたのがアパートの近くで朝から夜まで働ける区民プールの監視員や家庭教師の仕事でした。プール監視員のアルバイト仲間は皆現役の大学生で、お小遣い稼ぎをしている人たちばかりでした。授業の合間はフルタイムで仕事をしましたが、収入はそれほど多くはありませんでした。でも他に仕事をする時間を割くこともできなかったので、少ない収入で生活費を切り詰めるしか方法はありませんでした。

生活費をやりくりしていたそんな中、留守中のアパートに空き巣に入られ、引き出しに入れておいたお金を盗まれてしまいました。節約して生活している身だったのでとても腹が立ちました。当時のアパートの部屋の鍵はネジを締めているだけで逆に回すと簡単に鍵が開いたのです。アパートの一階には大家さんが住んでいて、二階は袋小路になっていたのですが、アルバイトで外出した後を狙われたようです。もし空き巣と鉢合わせになっていたらどうなっていたでしょうね。空き巣に刃物で刺されなかっただけでも運が良かったのかもしれません。

大学の友達やゼミの仲間で旅行するのはアルバイトの関係で自由にできなかったのですが、何人かの友人とは私の故郷を紹介がてらに九州旅行をしたことがあります。最近、残念ながら癌で亡くなった友人が生前に、今でも私の祖父母に良くしてもらったことが思い出として残っていると話してくれたことがとても嬉しかったし、最後でしたが懐かしい二人だけの話題でした。

他にも、大学時代の友人と二人で、南九州旅行をしたことがありました。この友人とは大学卒業後も年賀状だけは続けていましたし、最近も電話で話したばかりですが、残念ながら最近になって癌で亡くなりました。卒業の間際になり、先に仕事をしている兄が戸塚で働くようになったので一緒に住まないかと誘われて、私は都内を離れて引っ越しました。実はこの時、付き合っていた女性がいたのですが、これを機に別れることになりました。その女性のことは引っ越してからも多少気になっていましたが、こちらから声をかけることもなく、また新たな生活をスタートさせました。

いよいよ大学四年になり就職活動を始めましたが、当時は歴史的な就職難の時代でした。私は当時お付き合いしている女性もいなかったので、内定をもらえるなら勤務地は海外でもどこでもいいと考え、インドネシアの熱帯雨林を伐採する木材商社の入社試験を受けました。ボルネオのジャングルでも行ってみたいとも考えて受けたのですが、面接官からの質問で「あなたの尊敬する人は？」と聞かれて、「プロレスラーのアントニオ猪木です」と答えたら、面接官がとぼけた顔をして「ハアー!?　その人誰？」とひどい言われ方をしました。

私は幼少時代から根っからのプロレスファンだったから知っていましたが、

当時アントニオ猪木さんは一般的にはまだあまり知られていなかったのです。結局は不採用でしたが、一風変わった性格の奴だと面接ではマイナスのイメージに評価されたのだと思います。就職難であり、落ちても仕方がなかったとその時は諦めました。当時は新日本プロレスという会社も新たに立ち上がったばかりのプロレス団体でしたので、この際この会社に入社して大好きなプロレス興行の仕事に就きたいと真剣に考えたこともありました。

何の準備もなく無鉄砲に、しかも手が届きそうもない難関の公営企業（鉄道会社、放送局、外務省、裁判所）などに図々しくチャレンジしては次々に落ちていました。大企業であろうが中小企業であろうが、入社してから努力して企業に価値をもたらす人間になれば、結果は後からついてくるものと偉そうに考えていましたが、就職環境はなかなか厳しいものでした。

実はこの時、大学の就職部からの勧めで警視庁警察官の採用試験にもチャレンジしてみました。当時は不況後の就職難で、公務員である警察官は安定職種ということで、かなり就職先として人気があったのですが、民間の就職先も限られていたので、実力試しに受けたのです。ところが偶然にも難関の筆記試験に受かり、身体検査もスムーズに通過し、正直、このまま試験が順調に進んだらどうしようと思っていたのが事実です。採用試験は順調に最終面接まで進みましたので、最終面接で落とされるようにしようと思い、面接の途中でいずれ九州に帰りたいと考えていることを面接官に伝えたところ、面倒くさそうに福岡県警を受けるように諭され、予想通り不合格となりました。もし警視庁に入っていたら今頃どのような人生を歩んで、どんな身分になっていたのだろうかと想像しました。自分から落ちるようにした理由は、兄が学生時代に学生運動をしていて警察や機動隊を大変嫌っていたこともあり、警察官だけはなることを強く反対したので、そこまで言うならと私自身も警察官は諦めたのです。

## 青天の霹靂

紆余曲折あって、なんとか内定をもらったものの、なんと専門科目を一科目落として留年するはめになりました。授業も真面目に出て、論文試験にもちゃんと対応したのにどうして落第したのか不思議でしたが、同じ専門講師の授業を選択した多くの仲間も同様に単位を落として留年してしまっていたのです。専門講師による学生いじめとしか思えませんでした。せっかく内定していた企業に連絡して、やむなく内定を辞退することになりました。

そうして、たかが一科目のためにまた学生生活を続けることとなり、生活費と学費のために新しいアルバイトを探しました。

そんな時ちょうど、兄の大学時代の友人で、私とも親しくしていただいた大手コンピューターメーカーに勤めている方から、某工場で季節限定のアルバイトを募集しているので働かないかというお話があり、紹介をお願いしました。当時は大型コンピュータ全盛期で、そのメーカーも絶好調の業績で、工場の駐車場には社員のベンツやスポーツカーなど高級車が並んでいました。会社が潤っていたから社員の給料もはるかに高く、年間八ヶ月分のボーナスを出していました。当然アルバイト代も高く、普通の企業より優遇されていたことが紹介を受けた理由でした。

当時、近所で家庭教師のアルバイトを二件していたので、今までの貧乏生活から急に豊かになりました。一年間毎日、朝から晩まで工場でコンピュータ端末の組み立て作業をしました。大学は前年の反省を活かして、卒業できた友人たちが受講した教授の授業を選択し、週一回夜学にちょっと通っただけです。

土日はアルバイトがなく自由に過ごせたので、アパートの近くにあった中古車廃車の解体屋のオヤジさんと仲良しになり、そこで中古車を物色しました。私には、車を持つことが昔からの憧れだったのです。生まれて初めて購入したのは三六〇ccの軽自動車で、値段は現物のまま車検付きで五万円でした。アルバイトをしてやっと自分の愛車を手に入れたことに感動し、車をどんどん利用して多くの思い出を作ろうと意気込みました。ところが、格安だったのはポンコツ車だからだったようで、箱根の坂道などを走ると背後に白い噴煙が渦巻き、バックミラーがかすむほど排気ガスを撒き散らしていました。周囲にそんなポンコツ車はなかったので、運転している自分も恥ずかしい気持ちがしました。一応デート用として買ったのですが、乗ってくれるような女性は残念ながらいませんでした。

工場のアルバイトを始めて半年ほど経った頃、他社と合同での一泊バス旅行の話が、会社の互助会を通して回覧されてきました。毎日、工場で機械とにらめっこだけではつまらないし、旅先で何かいいことがあるかもと思い、期待で胸を膨らませて仕事仲間の社員の方と二人で参加しました。旅のテーマは〝秋の上高地・登山と周辺散策〟でした。そこでの女性との出会いが、その後の私の運命まで変えてしまうことになろうとは当時知る由もありませんでした。

バス旅行には選べるアクティビティがあって、秋の上高地を散策するコースと奥穂高を登山するコースの二つがありました。同行した知人は登山服スタイルで参加してきており、見るからに登山を希望していましたが、周囲の人たちの様子を見たところ散策コースのほうが圧倒的に女性が多かったので、私は知人を何とか説得して散策コースに変えさせようと思いました。「きっと楽しいよ」と誘ったら彼も納得してくれて、作戦通り上高地散策コースにできました。

ツアーに参加していた半数以上が神奈川県内の会社に勤務する人たちで、いろんな大企業から参加していました。そこで仲良くなった二人組の女性がいました。宿泊先で夜トランプをするうちに一人の方と出身地が近いことがわかり、それから会話が合ったのか気が合ったのかわかりませんが、その後お付き合いを始めました。その女性が、今はわが家で権勢を誇っている女房です。

妻の会社は大企業で多くの同僚は社内結婚が当たり前でしたので、就職も決まっていない不安定な身の私と、石橋を叩いても渡らないほど慎重な妻がなぜ結婚しようと決めたのか、これまで一度も聞いたことがありません。「人間万事塞翁が馬」の諺のように人生は本当にどうなるかわからないものです。いつどこで、新たな運命と出会うかわからない、だから人生は楽しいのではないでしょうか。

ここでちょっと一休みして、留年中の遊びの話題に戻したいと思います。夏に友人と三人で初めて三宅島に遊びに行きました。新島のほうが海水浴場としても若者や女性に人気があったようですが、そこまでの旅費が足りなかったので、三宅島に決めました。見知らぬ人との出会いを求めるのも旅行の目的の一つでした。島の周囲を自転車で走っている途中に、ある女性たちと親しくなり、楽しく会話したり、一緒に写真に収まったりしました。

そして、旅行から帰って半年くらい過ぎた頃に、ふとその時知り合った女性から私宛に、「横浜へ遊びに行きたいので会ってほしい」と手紙が届きました。しかし私はこの三ヶ月前に今の妻と知り合い、付き合いを始めたばかりでした。そこで、妻も同伴の上、一緒に旅行した友人にも同行してもらいました。彼女には残念な思いをさせてしまいましたが、彼女との関係はそれっきりで終わりました。事前にハッキリ断るべきだったと、自分の行動を後で大いに反省しました。お互いにタイミングよく相思相愛になるということは難しいもので、なんでも自分の思うように上手くはいかないものだと深く感じました。

学生時代は休みもお金もないので、里帰りはなかなか難しかったのですが、一度慣れない特急寝台列車で帰省したことがありました。当時の寝台列車は上・中・下で寝台が三段式になっていました。私が利用したのは上寝台で、運賃は一番安いですが天井に頭が当たるほど窮屈なところでした。

深夜、ぼんやりしながらトイレに起きて自分の上寝台に戻ろうとして、間違って中寝台に寝転がってしまいました。すると、女性が「キャー」と大きな悲鳴を上げ、周りの乗客も飛び起きて「どうした！」と寝台から出てきました。二十歳そこそこの真面目な青年だった私の間違いを、優しい三十代くらいのお相手は許してくださり、周囲の皆さんも安心して自分の寝台に戻っていきました。もし現在の世の中だったら、痴漢行為とみなされていたかもしれません。

もう少しさかのぼって、上京一年目に入院したことを話したいと思います。現在は極めて健康な私ですが、高校時代に膝の関節炎がありましたし、上京して一年目には急性虫垂炎と痔の手術もしました。痔の症状は高校時代からあったので、新聞配達の仕事も不安がありました。浪人中でしたが一日勉強も休み、初めて休みを頂いて富士登山や富士五湖巡りの小旅行をしました。

富士山から下山して下宿先の販売所に戻った翌日に、急性虫垂炎に罹りました。もし登山中に発症していたら大変な事態になっていましたが、不幸中の幸いでした。

痔のほうは新聞配達中に痛みに耐えられなくなり、仕事を休んで入院して手術しました。上京したばかりなのに新聞販売所には随分迷惑をかけたと思います。

入院期間は約一ヶ月で手術も簡単ではなかったようで、抜糸の際に大量出血で一時騒然としました。手術後も痛みは残り、トイレに入るのが数年間とても億劫でした。しかし、当時痔は完治しないと言われていて半ば諦めていましたが、手術して痛みはありつつも無事に退院できただけでも幸せでした。

初めての長期入院生活は、入院患者さんとのおしゃべりや看護師さんの優しさに触れたことがとても新鮮な経験でした。

外科的な手術はしても、内科的には健康なほうで、それから半世紀近く大病を患ったことがありません。お蔭様で、健康の有り難さや病院には様々な患者さんが入院していて退院を待っていることも知りましたし、私自身の人格形成の上でも影響が大きかったと思います。

知人の中には生まれて初めての入院が癌で、そのまま亡くなってしまった方もいます。私が今日まで元気に生きてこられたのは、「一病息災」というように、これまで何度も入院や手術を経験してきて、それ以降注意しながら生きてきたからかもしれません。

こうして最愛のパートナーとの出会いがあった二度目の大学四年生を過ごし、再び就職活動の時期がやってきました。就職先は一度内定した会社でも構わないと考えて、再び同じ会社に応募したところ、運良く前年と同じ役員の目に留まったらしく、内定を頂くことになりました。当時は、中東戦争によるオイルショックで大企業は軒並み採用を絞り込んでおりましたので、業種に恵まれたのか運良く拾われたような気がいたします。

今だから言えることですが、大学在学中は教師を目指していました。しかし、中学・高校の教員採用試験は現在と違って激戦で、折角、大学で教職科目を勉強したところではありましたが、就職後に結婚もしたかったので当面は安定した生活を優先して就職することにしました。それでも、教職を完全に諦めたわけではなく、卒業生仲間四、五人を巻き込んで通信教育で小学校教員の免許取得を目指しました。結局はそれも仕事が多忙になるにつれて、卒業必修科目の受講が難しくなり中退することになりました。

会社に入って何をしたいかというより、一緒になる彼女のためにも、正社員になって早く安定した処遇で給料をもらうような身分になりたいという思いが強くありました。私と同様に小学校教員を目指していた仲間も取り敢えず当座の生活費を稼ぐために同じ会社に誘いました。しかし、彼は一年後に退職し、小学校の教員免許を無事取得し、予定通り九州へ帰って福岡県内の小学校教員になりました。現在は定年で校長を終えて地元に住んでいますが、卒業以来会っていません。他の同僚も次々に小学校の教員になり、校長を終えて現在は全員が悠々自適に暮らしています。

教員免許の教職課程も私が率先して仲間に勧めたのですが、結局、仲間内で教員にも公務員にもなれなかったのは私だけでした。前職の会社で関東地区に勤務していればおそらく小学校教員の道に進んでいたかもしれません。人生はどう展開するか本当にわからないものです。

結果的には留年後に再び採用された道路会社に入社しました。なぜ道路会社を選んだのかという明確な理由はありませんが、大学の求人欄には証券会社の営業職や自動車販売会社の営業職の募集ばかりで、たまたま目の前の掲示板にあった大手企業の営業事務職を募集していた会社に応募してみたという感じです。自分にはノルマのある営業職は向かないし、仕事として好きではないというのが本音で、職種はあらゆる業界の事務職を探していました。しかし、大卒事務職の求人は不況の影響で少なく、世間の名だたる大企業も求人数は控え気味で若干名の募集ばかりでした。理系出身ではないので職種は事務職が自分には合うと思いましたが、結局採用されたのは営業事務職としてでした。しかし、今思えばあの時営業事務職を経験して正解だったと考えます。

七一年に上京してきて、一浪後の七二年に地元の熊本県に戻り国立大の受験に失敗し、再び上京して翌七三年に背水の陣で私立大学の法学部に入学しました。浪人はするし、学生時代は留年するし、社会人としてのスタートは同期生にかなり遅れてしまい、やむを得ないかもしれないが個人的に大変悔しい思いをしてきました。でも回り道をすることが人生において決して駄目なことばかりではないということを、その後の人生を歩む中で学んだような気がします。

# 後編

# 社会人になって

# 挑戦の日々

私は一旦就職しつつ教員試験の勉強をして小学校教員になろうと思っていましたので、東京本社への配属を希望していましたが、富士山麓での一週間の研修の後、東北・北海道出身者と私が北海道勤務を命じられました。

羽田空港には大勢の友人が見送りに集まってくれましたが、正直なところ関東を離れたくはありませんでした。本社勤務か、九州出身なのでせいぜい飛ばされても関西方面かと思ったのですが、全く反対の寒冷地勤務になり、もう一生帰れないのではと思い、嫌で辞めたくもなりました。赴任した後に知りましたが、出身地とかけ離れた場所に赴任させるのが当時の会社の方針だったようです。

夕方の便だったので、眼下に見えた初めての北海道の大地は薄暗くて、何を大袈裟なと叱られそうですが、映画『網走番外地』の中で網走刑務所に護送される囚人になったような気分でした。

千歳空港には支店の総務担当の方が迎えに来てくれていました。四月なのに雪で一面真っ白で、道路も凍結して、車はスパイクタイヤなしでは走れないほどでした。走行中にギシギシ鳴るタイヤの音が気になりましたが、ネオンがきらめく札幌の街中を抜け、辺りがすっかり暗くなった頃、静かな町外れの独身寮へ案内されました。

夜も深まっていましたが社員の方が大勢残っていて、我々を歓迎してくれました。寮の一階の食堂には大きな石油ストーブが真赤な炎を出して焚かれおり、部屋中がぬくぬくと温まっていました。この日の夕食は、これまで見たことがないほど大きなホッケ一枚と丼飯に味噌汁、それに北海道名物の松前漬けでした。

寮と言っても木造プレハブの建物で、正直、どうしてこんな会社に入社したのだろうと、当時は少々後悔したものでした。

札幌支店勤務という辞令だったので当然オフィス勤務かと思ったら、寮に隣接したプレハブの現場事務所が仕事場だったので、何も知らなかった私は当時びっくりしたものです。腰掛けのつもりで入った会社だったので、下調べも不十分だったのです。

札幌支店管内とはいえ、道内にはたくさんの現場事務所がありました。私が配属されたところは北海道で一番大きな所帯の札幌工事事務所で、本社も注目している全国でも稼ぎ頭の事務所でもありました。

この会社の求人票には土曜は半ドン（お昼までの半日就業のこと）と書いてあったのですが、それは本社や支店の勤務形態で、実際の現場での勤務は土日も祝日もなく平日同様に働いていました。以前のアルバイト先は最先端の大手コンピューターメーカーだったので、今時こんな業界があるのかと当時は驚きでした。

現場は常に作業着と安全靴の着用が義務付けられており、オフィスビル勤務と違って、油汚れも厭わない仕事を長年経験させられました。しかし、社内は人情味のある人ばかりでしたので職場の雰囲気は良く、休みがほとんどないこと以外は仕事には満足していました。

先輩方の中には七時頃に仕事を終えると、寮で毎晩のように深夜まで麻雀をしている人も五人くらいいました。給料が現金払いだったのでもらってすぐに大金を賭けていたようで、金庫番の私に麻雀の負けを前借りする先輩もいました。

土木の世界ですから、怒鳴りあったりけんかしたり、多少荒っぽいのは普通で、ヤクザがたまに押し売りで出入りすることもありました。敷地内には下請け会社の飯場があり、怒らせると怖そうなお兄さんばかりでしたが、付き合ってみると心根は優しく態度がはっきりしていて、面倒見が良い人が多く、個人的には大変親しくしてもらいました。入社時は営業事務職という職種でしたが、土木職の手伝いから重機やトラックを運転しての運搬作業から下請けさんとの折衝や元請業者との交渉、寮の管理、現場従業員のケア、経理、庶務、肉体労働、たまには現場の作業を手伝ったり、時には現場監督の代わりをしたり、今では考えられないくらい多くの仕事をこなしていました。

一年目は仕事の覚えもまだ不十分でしたが、二年目からは大先輩が急に抜けて、毎年新人の養成をさせられるなど、地方へ送る現場事務所担当者を鍛える役目も担わされていました。当時は若いこともあって、体力・気力ともに充実していて、月の三分の一は深夜一、二時まで平気で残業をしていました。月次締めのために、会社のソファーで一夜を過ごすことも時々ありました。昼間は運搬作業など肉体労働ばかりで、事務作業は夕方の定時後からやるしかなかったのです。

土木職の技術屋は朝が早く、朝六時には寮や自宅から工事現場に直行するため、夜も二十時くらいには上がっていたようです。事務職や営業職は八時始業だったので、毎日七時半の出勤で比較的楽なほうでした。しかし土日祝日も休みがなく、半ばボランティアのように、皆驚くほどよく働いていました。ただ当時の私は、毎週、日曜だけは完全に休みたいというのが一番の望みでした。

しかし、土日祝日も休みはなく、原則月二回の日曜日の休み以外は、有給休暇取得すらタブーで、冠婚葬祭以外は休める雰囲気ではありませんでした。それでも幸いに病気や怪我をすることもなく、年間でも仕事を休む人は誰もいませんでした。

現在は若い人が建設業界に就職したがらず、定着もせずにすぐ辞めてしまうことを受けて、週一日は必ず休めるように改善されているようです。ただ、今でも余程の根性の持ち主でないと勤まらない業界なのは、あまり変わらないようです。

以前バイトをしていたコンピュータ業界とは天と地ほどの差がある業界でした。それでも、かれこれ三十五年近く経ちますが、とても人との関わりには恵まれていて、一番懐かしい時代です。休みたいとか贅沢を言わなければ、ストレスがなく、とても働き易い業界だと私は感じました。

私は、入社当初から経営陣の一部から期待をされていたそうです。札幌に赴任して早々に先輩方が私を見る目に何となく期待のようなものを感じていました。

浪人したり留年したり、少し回り道をしてきたので、私は先輩を追い越すつもりで一生懸命に努力しました。現場では二年目から部下を三人も抱えて、全国でも所帯の大きな事務所の台所を全般的に任されていました。今考えると、まだまだ新米で未熟だったのに、あれだけ責任ある立場で大量の仕事をよくこなしたものだと感心します。

四年目になったある日、支店の上司である総務課長に営業をやりたいと希望を出しました。というのも、現場はほとんどが技術社員ばかりですから、彼らから「事務職は縁の下の力持ちの存在でしかなく、養ってやっている」といった態度で見られていたからです。そのため、営業で成果を上げて見返してやろうと考えたわけです。そうしたら総務課長から「十年早い」と一喝されました。しかしめげずに何度も掛け合い、ようやく事務職と並行してならよいと許可を得て、事務職も兼務で営業活動を行えるようになりました。

おそらく、こんな生意気なことを考えたのは私くらいだったでしょう。先輩社員に舐められて馬鹿にされるのが納得いかなくて、営業まで始めたのです。いくら技術職でも営業が仕事を取ってこなければ力は発揮できませんから、業績が厳しい時は技術職も営業職には一目置いていました。事務職は弱い立場でしたが、私だけは営業もやることになり、次第に先輩社員から認められるようになりました。

折角なので、どんな営業をしてきたかをお話ししましょう。建設業の仕事は大きく公共事業と民間事業の二つに分かれます。昭和三、四十年代の高度経済成長時代は国家財政も豊かで、建設業界も国のインフラ造りのために右肩上がりで公共工事が増えていました。建設会社において営業を強化するためには役人ＯＢを採用することが一番で、天下り役人の右に出る者はいないほど力が圧倒的でした。

近年は国家財政も厳しくなってきて、役人との贈収賄事件も頻繁にクローズアップされるようになりました。入札制度の不自然さが国民にも明らかになり、入札価格の公平性と透明性が要求されるようになり、世間の目も大変厳しくなってきました。しかし、私が働いていた昭和五十年代は入札談合など当たり前で、業界全体がそれが普通という感覚で事前に落札業者を決めていました。当時の私の会社は、役所からの直接受注工事が三〇％弱、民間下請け工事が七〇％以上で、年間売上目標の七〇％以上を下請け工事で受注するのが我々の営業ノルマでした。

営業の仕事は、毎日朝一番に建設新聞の落札情報を収集して、朝八時過ぎには営業に出かけ、日中は工事現場や事務所を回って担当者と会いました。社用車で営業回りをしていましたが、一日百km、月間約三千kmは走行していました。営業エリアは広く、毎日十社程度の企業訪問に加え新規開拓のために工事現場や新規顧客事務所に飛び込んでいましたので、かなり体力も使いました。

夕方になると顧客の担当者が現場から仕事を終えて帰社するので、待ち構えて狙い撃ちの訪問をしたりしたものです。帰社後は、見積書作成から現場技術者との打ち合わせなどで、毎日夜遅くまで事務所は社員の熱気に溢れていました。


この業界はお酒の場も仕事の一部で接待が多く、二十代後半から夜のススキノには先輩方のお供で随分通っていました。

毎月、全国二百ヶ所以上ある現場事務所との間で、受注や売上数字競争の連続でした。公共工事の空入札（入札での落札業者が談合で既に決まっており、単に決められた金額で入札するだけの見せかけの入札）も我々の仕事で、地方に参加するだけの入札業務は唯一、時間潰しだけの仕事でした。

技術職は来る仕事来る仕事を次々に消化してしまうので、営業は次から次に仕事を見積り、取り決めて、新規契約受注工事として技術職に手渡さなくてはなりませんでした。しかし受注工事を取り過ぎると、今度は担当する技術職が足りず、営業職自ら現場に立たざるを得ないほど大忙しになるのでした。

当時は中曽根政権下で、国鉄民営化をはじめ財政支出が大幅に削減されて、国家予算のゼロシーリングが続いていたので、建設会社は民間工事を拡大しないと会社の目標達成は不可能でした。そんな厳しい時代にたまたま私が少し活躍したせいか、全社的に営業マンが評価され、営業マンの表彰制度が作られました。その第一号に選ばれた全国七人の中に、北海道代表として私も選出されました。先輩を差し置いてという反発も周囲にあったようですが、めでたく東京本社に招待され、会社のトップから表彰を受けました。そんな働きが認められたのか、新天地の事務所の旗揚げも一人でゼロから任されました。

多くの技術職と下請け業者のための仕事を責任持って探すのが営業の仕事ですから、責任感は大きかったです。現在はソフト業界に身を置いていますが、未だに当時の営業の厳しさを思い浮かべて奮起する性分はあまり変わりません。

会社にはいろんな経験をさせてもらいました。今でも先輩、後輩、同期の方は私のことをよく覚えてくれており、現在もお付き合いをしていただいています。最初は腰掛けのつもりで入社した会社でしたが、私にとってとても良い会社だったと今でも感謝しています。このときの経験は、現在のわが社の経営の中でも活きていると思います。

私自身はごく平凡な人間ですが、積極的なチャレンジ精神と人並み以上の負けん気で努力すれば、何事も道は自然と開いてくると考えています。あのまま建設会社に勤務していたら、今頃どういう地位で何をしているだろうと時々考えたりします。同期も漸く役員に就任するようになってきました。昔の仲間として、大変嬉しいことです。

# 妻と私

少し話がそれますが、人生において大切な結婚観について少し話してみたいと思います。わが社は二〇二五年一月に四十五周年を迎えますが、結婚生活も同じく四十五周年を迎えます。妻とは大学の留年中に偶然、旅先で知り合ったことは既に話しました。妻と知り合う前に女性の友達も何人かいましたが、深く付き合うとのめり込み、突っ走りかねない性格のため、女性関係については多少自制していた部分もありました。

私と妻は性格が正反対で、大雑把な私に対して若い頃の妻の性格はかなり繊細でした。性格の不一致で離婚する人も多いと聞きます。そういった意味では私たちは性格が一致していないことが逆に良かったのでしょう。

相手と違うからこそ、その言動が自分の生き方の参考になります。人の言動や性格をこちらが変えることはできないので、自分が変わるしか夫婦間の問題解決への近道はないと考えます。

家庭でも会社でも、自らの人間的成長のためには、謙虚な姿勢で自分と違う人生を歩んできた相手の意見に耳を傾けなければいけないと思います。自分が素直に相手を受け入れなければ、相手が自分に対して素直になってくれることはあり得ないはずです。

「譲歩」という言葉があります。人間関係は常にこの譲歩という精神をお互いに表現できなければ、その後の関係は進展しないはずです。譲歩ができないということは、人間的に今一歩の成長が足りないということです。成長するためには、人生においてより多くの人と接して学ぶしかありません。なるべく多くの糧になる書物を読むことも必要です。

「愚者は経験に学び、賢者は歴史に学ぶ」とも言います。常に相手との対話の精神を持つことが大事です。これから先の人生で、人との対話において相手の意見になるべく耳を傾けるよう努力していきたいと思います。私の経験上、それしか人間的に成長する道はないと断言できます。お互いにこれからの長い人生を元気に楽しく生きたいものです。

そんな私の経験から言いますと、やはり、結婚というものはスピードとタイミングが重要ではないかということです。男女付き合いは、元々お互いに違う環境で育っているので、あまり違いを考え過ぎてもいけないし、その時のタイミングを逃せば、お互いに振り出しに戻ってしまう展開になってしまいかねないのです。好奇心が旺盛だった私は、たまたまその行動力が伴ったからだと思います。知り合ってから付き合う期間は短かったし、結婚を決めるまでのスピードは人並み以上に早かったのです。当時の私は付き合いイコール結婚の対象と考えていたほど、途中で考え直したり、ブレーキがかからないタイプの突進型の性格でした。そんな積極的で図々しい性格が功を奏したのではないかと思います。

なぜこんな性格になったのかと言いますと、小さい時から家庭環境に飢えていたからではないかと考えます。いつも父母のいる家庭で温かく育っていたなら、早くから家庭を持とうという意識もなかっただろうと思います。でも今振り返ると、自分の猪突猛進のような生き方にはそれほど後悔はなかったように思います。皆さんも是非、早いうちに自分の家庭をつくられることをお勧めします。幾多の困難な障害も経験しますが、お金で決して買えないような、発展的で楽しい人生が待っているはずです。

社会人になって早々に結婚しましたので、同期の社員と違い、新婚当時は安月給で毎月苦しい家計でした。新婚時には家内も家計を支えるためにパートを始めましたが、勤務して六ヶ月くらいで妊娠したことがわかったので、残念ながら貯蓄するほど長く働けませんでした。妻には生活面で大変苦労をかけましたが、当時は家庭内も明るくて生活費が少なくても精神的に暗く心が沈むようなことはなかったです。現在と比べると、札幌などの地方は子どもを育てやすい環境だったのではないかと思います。

## 運命の分かれ道

勤続十年表彰まであと一年でしたが、ある時、現在のコンピュータソフトウェア会社から手伝ってほしいとお誘いがありました。

まったくわからない業界でしたので何度も断りましたが、どうしてもと懇願されました。普通は業界も違うし、誘われても引き受けることはないのですが、誘われた先は兄が社長をしている会社でもあり、兄の依頼で私の家に二度訪ねてきた方も、以前から親しくしていて信頼できる方だったので話だけは聞いたのです。

会社は友人同士では成り立たないものだと聞いていましたが、厳しい今の会社で勤まればどこでも勤まるという自負心を持っていました。私には若さも勢いもあり、小さな会社なら自分にできない立場など存在しないと高をくくっていたのです。

しかし、私は現場の中心的存在であり、会社を辞めようにも辞められない立場でした。また妻子を抱えて、新たな業界へ船出するという無茶な考えに対して、親族中が猛反対でした。予想通り、私が会社を辞めると宣言した時には、会社内外で「まさか！」と激震が走りました。一度入った会社を辞めるというのは、当時の業界ではタブーに近かったからです。

当時、会社という存在は一つの共同体のようなもので、入社したら骨を埋《うず》める覚悟で働いたものです。部下と上司の信頼関係も厚く、帰属意識が高かった時代でもありました。辞めると発言してから退職するまで二年近くかかったのも言わば当然のことです。多くの会社関係者の期待を裏切ったことに対しては、大変申し訳ない気持ちがありましたし、辞めてから何年かにわたり決断したことを後悔したのも事実です。一社員の私が辞めるだけなのに、取締役から役員幹部クラスまでが、毎日真剣に慰留してくれました。到底、現在の社会では考えられないほど会社と社員の関係は深かったと感じています。

辞める事情を話す時に嘘を言ったつもりはまったくなかったのですが、会社はライバル会社に転職するのではとまで疑いを持っていたようです。「おまえに何億かけて育てたと思っているんだ！」と役員から激しく叱られたことを今も鮮明に覚えていますが、会社としてはそれだけ私自身を大事にしてくださったのだと後々になっても感謝している次第です。

退職に対して反対意見を四方八方から受けた時、普通は退職を踏み留まっただろうし、そのほうが人生の生き方として正解だったのかもしれません。過去を振り返って後悔じみたことを周囲に言えるのも、様々な紆余曲折を経て、偶然にも運に恵まれて現在の立場に辿り着けたからだと思います。

取引先に不安感を与えないことが最大の務めだと思っていたので、お客様には丁寧に転勤という話を通し、微塵も疑われることはなかったと思います。辞めるまでの三ヶ月間、お客様への挨拶回りと後任への引き継ぎをして、退職日の深夜まで一日も休まずに勤め、最後を締めくくりました。「立つ鳥跡を濁さず」が適ったのか、退職後四十年以上になるにもかかわらず、当時の先輩方や同僚、後輩に今でも変わらず親しくしてもらっています。「後ろ足で砂を蹴って辞めるのか！」と当時の取締役支店長や支店次長、部課長に何度も留まるよう説得されましたが、迫力ある中に人情の厚い方が多い会社であるのも事実でした。

当時は休日が月二日間しかない、労基法違反など関係なしで勤怠管理は現場に任せっきりの会社でした。決められた休みもなく、入社して間もない頃は毎月の生活費も赤字ぎりぎりでした。それでも仕事に働き甲斐を感じていたため、充実感を持てるとても良い会社でした。

これからは新天地となった株式会社ジェイエスピーについて触れていきます。

前身は、学生時代の新聞アルバイト仲間三人が大学卒業後にそれぞれ別の企業で働いた後、各自が退職して一九八〇年に共同で立ち上げた会社です。兄が社長を務めていたのですが、一人では会社の設立資金が足りなかったため、オーナー経営ではなく、三人の共同出資、共同経営が実態でした。

私は兄以外の二人とも旧知の間柄でよく知っていましたが、コンピュータ関係はあまり興味がなかった業界だったので、就職先として考えたことも希望することもありませんでした。しかしまさかその後、今日のように自分自身がその会社を経営する立場に立つとは夢にも思いませんでした。

事業内容がわからないまま私が小さな会社に転職したのは、再三手伝ってほしいと頼まれて、最後は断り切れず少しでもお役に立てばという軽い気持ちからでした。一九八六年七月末で前の会社を退職し、兄が社長を務める株式会社日本システム計画（後の株式会社ジェイエスピー）という会社に八月一日付けで、一日も空白を作らず再就職しました。

入社して最初に戸惑ったのは、社員が一体どんな仕事をしているのか隣で見ていてもさっぱりわからないことでした。現代風に言うとリアルの世界からバーチャルの世界に飛び込んだようなもので、歴史ある伝統的な建設業界とあまりにも隔たっており、私が入社しても何ができるのかと自分の存在意義を疑うほどでした。

当時は設立したばかりのベンチャー企業だったので、平社員だったとはいえ九年弱の私の社会人経験も少しは役立つだろうと軽く考えていました。しかし、共同経営で価値観の異なる経営陣が集まると物事は必ずしも順調に進まないという、会社経営の実態を肌で感じたのもこの時期でした。

入社後、いきなり総務課長職を命じられて、それまで社長である兄が兼務していた総務のすべての業務を私が担当することになりました。おそらく兄は、信頼して業務を任せられる人間が欲しかったのだと思います。三人の役員は社長、専務取締役、取締役を務め、専務以下は現場の技術部門を担当していました。技術者出身の社長（兄）は経営者としての経験は浅く、当初は技術者三人で話し合いながら事業をスタートさせたのだと思います。

私が入社した当時、総務には若い女性が一名勤務していましたが、何か不満げでしばらく心を開いてくれませんでした。噂に聞くところ、何人もの社員が長続きせず、退職者が後を絶たない状況だったようで、総務の女性社員も何らかの不満を抱え、暗い雰囲気を漂わせていました。

まだ三十三歳だった私は、元気はあったものの管理能力はなく、単に明るさと勢いがあるだけで、周囲の思いに鈍感な社長一派と見られていたようです。不満を抱えていたこの女子社員をはじめ、一部の社員からは私の入社を歓迎されていない空気を感じました。いきなり外からやってきて上司として偉そうに振る舞う、気に食わない人材と見られていたのは事実です。社員と会社が噛み合っていないことに私自身も鈍感で気が付いていなかったのだろうと思います。

日々悩んだことは、兄を含めた三人の経営陣が学生時代からの友人だったこと、三人共に会社組織に揉まれた経験がなく、実際に会社が組織的に機能していなかったことです。役員間の上下関係や役割分担意識が薄く、毎月定例の役員会もまともに開けないで、昼間から言い争いが絶えませんでした。兄だけが社長であれば問題なかったと思うのですが、社長と同じ権限を持つ人間が社内に二人もいたことが争いのもとになっていました。

また、株式会社を起業する場合、過半数以上の株式を社長が保有すべきなのは常識ですが、そのような知識もありませんでした。共同で仲良く経営できると思ったのか……真相はわかりません。今となっては後の祭りですが、友達同士の共同経営は成り立たないことを、長い自社の社歴の中で深く肝に銘じて反省しています。このことは、これからの皆さん方も経営の鉄則として参考にしていただきたいです。

経営者間の意見や方向性がまとまらず、意見対立が絶えない状況は、私が入社してから二年目になっても変わりませんでした。そんな状況を見かねた役員兼株主たちは、その年に開かれた総会で急遽、私を取締役に引き上げることを決定しました。しかし、この人事も付け焼き刃に過ぎず、五名に膨れた役員体制を敷いて以降、兄は益々役員との距離を置くようになり、次第に社内でのリーダーシップも欠如するようになっていきました。役員間で一切の話し合いがされずにいると、自然と役員や創業社員を中心に、社長交代の画策の動きが出てくるようになりました。役員同士の関係はどんどん悪化し、会社分裂まで現実味を帯びてきたある日、なぜか取締役になったばかりの私の名前が次期社長候補として急浮上しました。

なんでも、上下関係のしがらみがないという理由で、私を推すよう裏工作が行われていた、という噂を聞きました（当時の私は知る由もないのですが）。結局、会社崩壊の危機だと社長を除いた役員全員から詰め寄られ、やむなく社長職を兄に代わって引き受ける事態になってしまったのです。私が社長を引き受けることで兄の怒りを招いたことも事実であり、突然の不祥事で会社崩壊の危機を迎えてしまったことは誠に残念でした。

もう一度人生をやり直すならば、この会社に入社する決断はしないし、たとえ入社しても他の策を考えて、自分が社長職を引き受けるような愚かな選択はしないだろうと思います。役員同士の争いは会社の未熟さの表れでした。兄も経験のなさが出てしまい、当時は周囲の意見も聞かずに勢いで突っ走ってしまうことが多かったようです。業界の成長期でチャンスの多い時期だっただけに、役員間のいざこざで無駄な歳月を過ごしてしまったことと、私自身が至らなかったことを反省しています。

# 社長就任と経営の挫折

当時のソフトウェア業界は急成長しており、常に人手不足で新人でも入社したその日から現場に入れられました。顧客先が下請け会社の新人教育をした上で、作業代金も出してくれるほど顧客先にも余裕がありました。今思うと異常とも言える恵まれた時代でした。

まだメーカー系の子会社も少なかったので、独立系の会社がこぞって全国から人を集め、人海戦術によって採用を強力に推し進めていました。当時は、人材の質より数を集めた企業がいち早く成長していましたし、新卒採用も中途採用も業界内では専門のリクルーターが奪い合いをしていました。当社は当時三十名前後の社員で、人数は毎年増えたり減ったりを繰り返していました。

入社三年目にして未熟ながらも一国一城の主として会社を引き継ぐことになりました。

今では笑い話ですが、企業にはジンクスとして「七年目の危機」があると昔からいわれてきました。弊社も絵に描いたように、設立七年目にして役員の衝突で経営危機が訪れたのです。素人の私にトップの座が回ってきたのも本当に不可解でした。

狭い業界なので同業者間でも変な噂が飛び交っていましたが、業界全体で見ると会社が分裂するようなケースは当時周囲でもよくある話でした。それだけ業界としても急成長し過ぎて未熟だったと言えます。普通に考えれば、突然外部から乗り込んできて、入社三年目で社長になることなどあり得ない話で、奇異な出来事であったことは事実です。

私は自身を組織の中での叩き上げで徐々に這い上がってくるタイプだと認識していました。大企業に勤めていたときにも、競争による出世はサラリーマンの夢だと思っていました。大企業には派閥があるから難しいとはいえ、道半ばにして企業内の競争路線を捨ててしまったので、無念といえば無念です。四十年以上経た今でも前の会社のことは記憶の底からは消えないし、人間関係は未だに続いています。厳しい会社勤務であっても、一緒に会社の目標達成を目指して働いた仲間や先輩のことは忘れないものです。

三十五歳で小さな会社の社長として第一歩を踏み出しましたが、トップとしての座り心地の悪さは私本人が一番感じていました。それでも経営全般の勉強と日常の業務管理に昼夜なく没頭しました。建設現場の仕事はみっちり経験してきましたが、本社業務の仕事はまったく未経験だったので、ゼロから自分で勉強する必要がありました。

得意としていたことはやはり営業で、顧客の新規開拓の心配はほとんどなかったのですが、一番苦労したのは、ＩＴ専門用語を覚えて顧客のエンジニアと対等に話をすることでした。当初は顧客と会話していてもわからない用語ばかりで、技術的な会話を理解できるようになるまで随分時間がかかりました。そんな中でもラッキーだったことは、技術の変化が激しい業界だったので、より早く勉強すれば知識を先行して獲得しやすくなることでした。過去の積み重ねばかりが通用する建設業界と違って、新しいことを常に吸収する業界だったのは幸運だったと思います。

しかし、経営は容易《たやす》いものではなかったというのが本音です。

まず、社長の兄との確執に真っ先に直面しました。私を会社に引っ張り込んだ張本人だったので、寧ろ社長が赤の他人であればこれほど苦労することもなかったと考えます。他人様には火の粉も降らないので関係ない話ですが、私にとっては身内に起きた大変な事態でした。

社長を解任された後、兄が独立すると言い張っていた一方で、私は兄に対して会長職で当面我慢して、落ち着いて仲が修復できれば社長に復帰すればいいと諭しましたが、私の意見をまったく受け入れてくれませんでした。兄の今後を決めるために開かれた臨時取締役会で役員の意見も聞こうとせず、今後会社を存続させるのに相応《ふさわ》しくないとして、兄は圧倒的多数で社長職を解かれたのです。その翌日から出社しなくなり、知らぬ間に独立して別会社を立ち上げてしまいました。

会社というものは皆の力が結集して初めて成長、発展するものです。一人の力など知れているわけで、闇雲に再スタートすれば苦労することは目に見えていました。しかし、兄は人の言に素直に耳を傾けるような性格ではなく、無謀にも自ら取締役としての職も辞して会社を出ていってしまったのです。

兄の退職後しばらくは社内の混乱も収まらず、顧客先や同業者から説明を求められる日々が続きました。さらに兄の弁護士から連絡があり、多額の慰謝料および慰労金の要求が届きました。この弁護士への対応には随分日数を取られて正直日常の仕事どころではありませんでした。

一番の苦労は主要顧客先から会社の不祥事に関してクレームを受け、連日のように事情説明に奔走し、取引にまで大きく影響したことです。我々が知らぬ間に、兄が顧客先の上層部に取引を継続しないよう根回しをしていたのです。まったく予想していなかった妨害でしたが、事情が事情だったので仕方がなかったと思っています。当時はちょうどバブルの絶頂期だったので、仕事量も多く、取引先からは経営姿勢に対しての批判や会社存続を疑問視する声も上がりました。また同業他社間にも不穏な噂ばかりが流れて、不安感を払拭するのに苦労しましたが、その都度誠意を持って対応しました。

幼い頃からお互いに両親に育てられず祖父母の下で育ち、仲の良かった兄と私が疎遠になった理由も、私が兄に代わって社長に指名されて引き受けてしまったからです。兄は私たち高校の後輩たちを上京の道に導いてくれた恩人でもあります。兄の大学時代も、ソフトウェア会社に就職した後も、お互いにアパートを行ったり来たりしていました。新聞配達しながら私が大学に進学するときも喜んでくれました。卒業後に私は建設会社に就職して札幌に赴任しましたが、旅行がてらに会社にも訪ねてきてくれました。多分、信頼できるのは弟しかいないと考えて私を自分の会社に呼ぼうと考えたはずです。しかし、取り返しがつかない結果となってしまいました。昔のことを悔やんでも仕方がないので、私は会社の経営を維持することに邁進してきました。予期せぬ社長就任となりましたが、就任した以上は社長として頑張るしかないと考えて兄弟の縁を犠牲にして歩んできました。

長い間の嫌な思いを払拭するため、心機一転、社名とロゴを一新し、請負業務を目指して、五千万円以上の設備投資を思い切って決断し、開発用のコンピュータ設備を導入しました。当時は中堅企業でも中型コンピュータを購入して自社でコンピュータシステム構築しようという時代でしたので、我々も顧客のビジネスシステムの受注に力を注ぎ始めていました。

しかし、やがて平成バブルの崩壊が突然訪れ、目の前の仕事がどんどん減少し、社内失業の社員を数多く抱えるようになっていきました。業界も不動産業と同様に不況業種に認定され、各社とも雇用調整助成金を受けながら、しばらくは人材教育をすることで不況を耐え凌《しの》ぐような事態でした。金融機関もＩＴソフト業界と不動産業界には不信感を抱き、新規貸付をためらっていたので、業界周辺では日を追うごとにソフト会社の倒産が相次ぎました。大雑把に数えても、中小も含めて半数くらいの同業他社が倒産した時代でした。当時はどこのテナントビルでも同業他社がたくさん事業を営んでいたのですが、あっという間にビルから消えてなくなってしまいました。それほど当時は安易に設立して簡単に倒産してしまう、あまりにも未熟な産業でした。

未熟な経営者だった私は、突然の不況で厳しい経営を余儀なくされました。銀行からの融資は一切受けられず、失業対策の雇用助成金の申請も第二弾になってから申請したので、職安からの審査が急に厳しくなりました。そして、職安による実態調査で、残念ながら社内失業者に対する教育実習の実態がおろそかだという判断がなされて、喉から手が出るほど欲しかった雇用助成金の申請が棄却されたのです。職安に駆け込み苦しい経営実態を説明しましたが、まったく受け入れてもらえませんでした。審査官の人情味のない対応を今でも鮮明に思い出します。

　それからは毎月人件費の赤字が累積していき、赤字を減らすために社員の給与は削らずに役員報酬だけをぎりぎりまでカットしました。生き残るために仕事を懸命に探し回り、たまたま公共事業系の案件を探し当て、社員の半数くらいの要員にとりあえず当てることができました。

　その仕事のおかげで何とか生き延びられたので、お客様には感謝の気持ちで一杯でした。しかし、役員を含め社員が現場の厳しい仕事に不満を持ち、通勤距離も遠いこともあり、約一年でこの案件から撤退することになってしまいました。

　次の仕事もなく、まだ会社の財政状況がピンチであったにもかかわらず、役員まで逆行した方向へ走ってしまっていました。これには私も取引先も困ったのですが、また次の仕事を取るために懸命に奔走しました。そうこうしているうちに役員の一人が、「もう一緒に泥舟に乗って沈みたくない」と言って、一部の社員を引き連れて会社を辞めてしまったのです。

# バブル崩壊からの再スタート

平成バブル崩壊という未曽有の大不況が到来しなければ、ソフトウェア業界での経営者人生における予想だにしない復活はあり得なかったと思います。当時の弊社は、累積した年商以上の借入金と債務超過の状態の経営から脱することが最大の目標でした。弊社のような業績悪化の企業に対する金融機関の目は厳しいものでした。業績が悪いから当然の結果なのですが、悔しい限りでした。

しかし、復活の手掛かりは平成バブルの絶頂期にありました。メイン銀行が貸し渋る中で、新規取引の銀行が多大な融資をしてくれたのです。実はその銀行は新しい支店の開設にあたり、取引先開拓で突然わが社を訪問してくださっていて、支店長候補の方と担当者のお二人に偶然出会ったことが弊社の運命を大きく変えてくれました。銀行が弊社所有の不動産を担保にして住専（住宅金融専門会社）の高い利率の借入金を肩代わりしてくれることになり、高利息の支払いに悩んでいた弊社は支払利息が大幅に減少し、利息の差額が利益にも貢献するようになりました。おそらく金融機関は弊社の今後の経営に信頼を置いてくれたものだと思います。金融機関の新規出店の中で初取引先になれたという幸運にも恵まれました。

その後、バブルが崩壊し、金融機関も不動産への貸し付けは段々と厳しくなりましたので、タイミングと運の良さがなければ、おそらく融資が無事に実現されたかどうかわかりませんでした。

　平成バブル崩壊後に、弊社はどん底状態から再スタートへ向けて少しずつ準備を進めていきました。当時は多額の負債と債務超過の状況でしたが、これ以上悪くなりようがないので、新規貸し付けを渋る金融機関に対しても潰せるなら潰してみろと寧ろ開き直り、もう一度マイナスから出直すつもりで、すっきりした気持ちで再スタートすることにしました。

　十五年間入居した横浜駅近くのビルから新天地の新横浜地区のビルへ引っ越しをしました。オフィスビルの契約日は一九九六（平成八）年八月八日で、末広がりを期待して結びましたが、当時はバブル崩壊の傷跡が残り、ほとんどのビルがテナント募集中でがら空きでした。余剰資金などない中で、ビル仲介会社に相談して、引っ越し代金と家賃半年分を無償にしていただいたように記憶しています。

引っ越しして最初に購入したのは神棚です。次に祝詞を上げる近くの神社を探し、大倉山にある師岡《もろおか》熊野神社に決めました。当時はこれから先の会社の繁栄を神様に縋《すが》るような気持ちもありました。バブル崩壊後にやっとの思いで生き残り、会社はいつ潰れても不思議でないほどボロボロの状態でしたので、こうして今日も続いてきたのはきっと神様がわが社に救いの手を伸ばしてくれたからでしょう。

再出発の第二創業といっても、三十五歳で社長に就任してから既に私も四十三歳になっていました。社長就任当時五人いた役員も当時の社員も次第に辞めていき、このとき残った役員は私ともう一人だけで、残ってくれた社員は総勢九名でした。彼らが残ってくれたおかげで、新卒者の採用も積極的に進め、社員数を大幅に増やしながらスピードに乗って成長できました。

不況によって大勢の新卒者が応募してくれたため、新卒の採用は苦になりませんでした。

経験者が不足していたので同時に中途採用も積極的に行っていました。しかし、不況期に零細企業に応募してくる人なので優秀な人ばかりではなく、採用後も苦労が絶えませんでした。

新卒は年々採用活動が軌道に乗り、段々と良い人材が採用できるようになりました。中途採用においても、不況期は大手が採用を控えるので中小零細企業は積極的に採用するべしとの教訓を得ました。こうした積極的な採用によって、数年後には社員数が一桁から五、六十名規模になりました。

その後、社員数は五十名前後に減ったり増えたりを繰り返しましたが、社員の数が増えても相変わらず採用から営業、現場、経理まで、すべて経営トップとしての実務を抱えていましたので、年齢的に壮年期ながらも非常に多忙でした。

大型コンピュータから中型コンピュータにシステムを移行するという新しい時代の波とともに、ちょうどパソコンで自由に開発するという時代も到来していましたので、新規顧客開拓の営業も積極的に展開し、これまた運良く成功を収めることができました。必死になって生き残りを懸けたわが社を時代の変化が味方をしてくれたのだと考えます。

その後、新しい取り組みとして私に率直に意見を言ってくれるご意見番を顧問として抱えました。研修コンサルタントに高給を払う資金はないので、大手企業を退職された人材を顧問として極力安価な報酬で受け入れました。専門領域を経験した方は、それ以前から社員として重用していました。しかし、それだけではなくて、中小企業の社長は自分自身を客観視できず、勝手気ままに行動しがちなため、それを諫《いさ》める人材が必要と考え、平社員としてではなく、傍に置くことにしたのです。毎月の役員会に出席していただき、率直な意見を聞いて経営の参考にしてきました。おそらく、弊社のように外部から何人もの顧問を受け入れて会社経営しているところは少ないでしょう。

私の考えでは、大手企業で長年経験されてきた人材を自分の会社に活かすことは、会社を変革する上での早道です。長年の経験に勝るものはありません。今日まで弊社が着実に歩むことができたのも、顧問になっていただいた方々のおかげです。その後ＩＴバブル崩壊が到来し、業績も一時期低迷しましたが、それを乗り切ってＶ字回復を果たすことができました。

一緒に歩んできた先輩でもある創業時からの一人の役員は、会社の財政がピンチな時にも自宅を担保にして金融支援をしてくれた大切な存在です。会社は資金が枯渇すると倒産します。飢えた人間同様に死を招きます。

会社にとって資金というのは、人間でいう血液のようなものです。お金が入ってこず出ていくばかりでは、出血多量で倒産することになり、運営資金が作れないというのは造血ができず血流が途絶えるということで、企業活動すらできないのです。

会社が大変な状況の時に、自宅を担保に入れて銀行からの多額の融資を快く引き受けてくれた役員の方には、長年にわたり社長の私を陰ながら支え、共に苦労を背負っていただきました。私にとって余人をもって代えがたい方であります。

二〇〇九年度には、またまたリーマンショックという大不況が到来しました。今回の不況は米国の金融危機が発端ですが、世界的な消費不況のため日本の輸出産業は総ダメージの状況でありました。

しかし弊社は平成バブル崩壊で学習し、社内リソースの分散を図ってきたので、この時は同業他社より影響は軽微だったと思います。その後は、業界全体も日本経済もどうなるかわからない状況下での生存競争でした。不安は確かにありましたが、これまでの長い経験を活かして、不況に打ち勝って生き残り、次なるチャンスをものにしたいと冷静に考えることができました。倒産への危惧はまったく感じませんでした。

リーマンショックによる不況は、同時に会社の体質を変える絶好のチャンスでもありました。様々な業種の開発業務をこなすだけのソフトウェア開発会社から、専門分野に特化したシステム開発会社に変化させたいと考えました。同業他社と同じフィールドで競争しても利益は限られているし、自社の強みも企業の成長力も付かないと判断したからです。時代のニーズを先取りして、顧客の要望に柔軟に対応できるようなソフトウェア会社を目指していきたいと考えました。

半導体不況の影響で組み込みソフトウェアの需要は極端に減少しましたが、

たまたま弊社の担当領域だったＳＤメモリはハードディスクに代わる次世代の記憶素子になりつつありました。メーカー側の開発投資が継続されたために弊社も撤退することなく、弊社の開発担当社員は残留することができました。

技術力の付加価値を高めるために高度な開発分野の開発に経営資源を移行していきました。理由としては、ハードウェア（パソコンやスマホなどの機器）の構造や仕組みに詳しいソフトウェア技術者を育成していけば自社の強みが次第に発揮できると考えたのです。これまで社員を派遣することをメインにしてきた弊社は強みも特色もなく、技術革新が激しい業界の中で単に技術者を派遣するだけでは将来の成長に危機感を持っていました。また、従来の延長線上では社員が仕事上のモチベーションを高めることは難しいと考えて、自社だけで仕事をなるべく完結して、経験したトータルの技術を蓄積できるビジネスモデルを優先しながら取引先を選別してきました。

そして手掛けたのが自社製品の開発です。これからは高齢化社会なので介護施設で高齢者の動きを遠隔監視できるシステムを自社開発しようとしたのです。しかし、自社のソフトウェアだけでシステム製品をすべてつくり上げるのは不可能なので、ハードウェア開発に強い会社と手を組みました。開発期間はかかりましたが、遂に共同開発で、介護業界向けのシステム製品を世に出すことができました。

しかし、共同開発にもかかわらず手を組んだ会社が販売会社を立ち上げて出店攻勢をかけたため、その後は共同の開発と販売ができなくなりました。弊社にとって初めての自社製品開発でしたが、他社と共同でビジネスを行うことの難しさを痛感しました。

また介護業界はマーケットも大きく各社の新製品開発競争が激しいため、たまたま縁があった動物病院業界の限られた分野に参入することにしました。

ハードとソフトを連携させた見守り製品である「ｍｏｎｉシリーズ」は二〇一五年に特許庁への商標登録が完了している弊社の商品です。

お陰様で現在では直接顧客ともスタートから渡り合えるような開発案件の件数が増加しました。

# 事業拡大と安定、そして継承へ

　ここまで語ってきたように、弊社は平成バブル崩壊で経営状態がどん底に陥り、役員をはじめ多くの社員が会社を去りました。

　二〇〇〇年前後はネットバブルが到来して、異常なほど白熱したＩＰＯブームが起きた年でした。しかし、そのバブルもしばらくして崩壊してしまいました。ネットがらみのＩＴ業界は直接影響を被り、各社とも急に冷え込んだ事業環境に晒されて厳しい経営状況に陥りました。その後も二〇〇八年には米国発のリーマンショック、二〇一一年の東日本大震災で、全産業にわたり不況の波が押し寄せました。しかし弊社は寧ろ不況を契機に逆転する成長のチャンスだと捉え、新卒の採用も積極的に行い、設備投資も減らしませんでした。

そして二〇一二年、リーマンショックや震災の影響が未だ消えていない世間の流れに逆らうように、さらに事業拡大のためオフィスを便利な横浜駅近くに引っ越すことを決めました。当時は景気の悪化をもろに受けて、多くの企業が当然のようにオフィスを縮小し、家賃の安いところに引っ越ししていた時期でしたので、弊社の方向性は全く逆の発想でした。成功のセオリーについては平成バブル崩壊後の第二創業時と同じ考えです。

当初はこの際思い切って都内へ進出しようという計画でしたが、どうしても予算に見合うオフィスビルが見つかりませんでした。色々物件を探している時に偶然、横浜のビル仲介会社から大手が新築ビルに移転するので空きが出るという情報を入手しました。かねてより憧れていたビルだったため二つ返事で入居を決めました。二〇一二年に入居して現在も入居しています。

横浜への引っ越しは大成功でした。

大きく変化したのはお客様の来訪が増えたこと、営業の足回りが便利になったこと、そして通勤が便利になったことです。併せて応募される学生にも案内がし易くなり、色々と大きなメリットが感じられました。お蔭様で会社の業績も引っ越してきた二〇一二年より今日に至るまで順調に伸びてきました。

コロナ禍を経験して働き方が一八〇度変わってきた現在から考えますと、バブル時代はまさに異常な様相でしたが、今日はデジタル化による社会変革とともに人々の価値観も大きく変わりました。

二〇一九年にＤＸ調査団として北欧を訪れましたが、当時、日本のＤＸは向こう五～十年はかかると言われていました。それがまさか翌年の二〇二〇年にコロナが世界的に流行して、緊急事態宣言が発令され、テレワークが当たり前になるとは誰も想像できなかったことです。あっという間に情報化時代が到来して企業社会に浸透してきました。

一九八八年から三十六年間も社長として会社を率いてきましたが、年齢的にも経営者としても高齢となり、現在最大の仕事は事業承継です。長年かけて顧客基盤も業績も安定してきましたし、幹部社員やリーダー職の人材も育ってきましたので、そろそろ経営もバトンタッチしなければなりません。松下幸之助氏が教えているように、企業は公器で社会に貢献することが使命です。創業時は株主として経営者が大半の株を有していますが、零細企業から中小企業そして中堅企業として、徐々に会社が成長し規模も拡大すれば資本と経営は分離すべきというのが私の考えです。事業承継は様々な手法がありますが、それぞれの企業の特性に合った形で進めればよいと考えます。

私自身も三十五歳から社長として会社を率いてきましたが、実際に経営者として自信がついてきたのは第二創業時の四十歳を過ぎてからです。それから三十年以上が経ち、社員も会社も、技術力も業績も三十年前とは様変わりしました。

ここまで潰れることなく無事に成長できたことに感謝するしかありません。経営者としての器もなく再建に邁進してきましたが、社内外の多くの方から多大なるご支援があって今日に至っただけで、私は単に運が良かったのです。

経営は素人の一人では何もできません。経営者として再スタートした私には常に支えが必要でしたので、素人経営者の私へのご支援を多方面にお願いしてきました。経営者には才覚としてそれぞれ適性や能力の違いがありますので、自分の性に合った経営をせず実力以上に無理をすると失敗することもあります。

当時の私は社長としてまったくの素人で、勉強のために経営書を読んだりしても、なかなか実感が湧きませんでした。社長としての自信が持てず、社内旅行で上座に座るのも気が引けていたことを覚えています。

経営者として少しでも自信をつけようと、平成時代になったばかりの頃に同業者から紹介された中小企業家同友会という団体に入会しました。入会した先が川崎支部で、最初はオブザーバーとして夜の勉強会を見学したところ即入会となり、それ以来三十年余り同友会で活動してきました。入会当初は私から見て周囲は錚々《そうそう》たる経営者ばかりで、経営者として自分の未熟さに気づかされました。その後、支部の役員、県の理事へと階段を上りましたが、毎月、県内の各支部で開催される定例会に参加して、いろんな経営者と接していくうちに自分自身も経営者として自信がついてきました。中小企業家同友会に参加していなければ、県内や全国の経営者仲間と接する機会も得られなくて、経営者としての自分自身を客観的に判断することもできなかったでしょう。経営者同士が日夜切磋琢磨する経営者の会に長年にわたり参加したことは本当に良かったと考えます。

会員の中には経営に失敗して、途中で姿が見えなくなった経営者仲間もいました。経営は順調なときもあれば不況で苦しむときも経験します。会社経営においては順風満帆な経営がいつまでも続くことなどあり得ないのです。私自身も不況を何度も経験してきましたが、何とかして乗り越えればちょっとした不況にもひるまなくなります。

中小企業において一番苦労するのは資金繰りです。私自身も毎月支払う社員の給料をどのようにして工面するかで資金繰りに大変苦労しました。バブル崩壊の当時は累損も多く、借入金も膨らんでいくばかりで苦しかったです。しかし、金融機関はその窮状に手を差し伸べてくれませんでした。業績が良くなければ銀行は相手にしてくれないのです。

その後、私が目指したのは、累損のどん底から長年かけて徐々に自己資本比率を高める経営でした。しかし、業績を上げるには営業力と社員の採用数を伸ばすしかないのですが、会社の規模が小さく技術力が未熟の頃は、他社と比較されて入社してきた社員もできる人材から次々に転職していき、止めたくても止められないのが現実でした。

会社が良くならなければ社員は定着しないので、他社に負けても決して諦めず、粘り強く辛抱して日々コツコツ努力して前進するしかありません。もう一つ気がついたことは、外部から人材を積極的に受け入れて企業を革新することです。同じ人材だけで経営しても会社が成長するには限界があります。

会社は上層部から変わらないと、いくら社員を採用しても育ちません。人が育たないと技術力は上がらず、会社の業績も伸びません。中小企業が成長しない原因の一つには経営幹部の能力レベルに問題があるからです。そのため、弊社では他社と差別化するために経営幹部のレベルアップを図ることに尽力してきました。

組織もグループ制を導入して、損益を明確にし、業績が評価しやすいようにしました。年度の予算計画も各グループが自主的に作成するようになり、月次の予算対比が可能となりました。

しかし、組織の縦割りが行き過ぎると、今度は横の連携が取れなくなります。弊社は組織全体の特長として、常に風通しの良い会社を目指してきましたので、社員間の連携を様々な制度で大切にしています。社員会、表彰制度、農業体験、いっしょにゴハン、サークル活動、旅行、納会、全体会議、安全衛生委員会、健康経営、教育研修、業界活動など。心の通った経営への取り組みを行ってきました。また社長室のドアは年中開かれたままなので、気軽に社員と話ができています。

これから先も順調に成長発展するためには、他社との差別化戦略が欠かせません。差別化するのは何も製品に限った話ではなく、社内環境なども含まれています。他社と何か違う行動を取らなければ、会社が変わるはずはありません。そのための一手段として最も信頼できるパートナーである従業員との人材交流を重視しています。

経営で必要な条件は人・物・金ですが、大規模な会社や同業他社に負けないためには社員が成長できる人的環境を相互につくり、人材の高度化を目指すことが何より重要です。

また社歴を重ねていくには、不況に対しても強い経営体質の基盤が必要です。経営トップとしての責任で会社を万全なものにして将来の後継者につなげていくことが私の使命でした。

平成のバブル崩壊から再び創業して現在に至りますが、お蔭様で会社は業績的にも優良企業に到達するレベルにまでなりました。正に「ローマは一日にして成らず」で、地道に経営してきた結果が今にあります。社員の皆さんも、他社に負けない人間力と技術力を備えた人材が揃ってきました。ここまで成長してきたことを私自身が一番驚いています。

私は本年（二〇二四年）七十二歳となりました。体力も気力もまだありますが、世間はなかなか納得してくれませんし、長く社長を続けることは会社にとって決してプラスになりません。

六十歳を過ぎた頃から金融機関などステークホルダーに、後継者はどうするのですか？決まりましたか？株の問題はどうされるのですか？このままだと相続で大変なことになりますよと、お会いする度に矢継ぎ早に質問をされるようになりました。初めの頃は私も軽く考えていたのですが、中小企業の事業承継が全国的に社会問題にまで発展していることがわかりました。

同業他社も早くから手を打ち、御子息を跡継ぎにするために入社させて将来の準備をしているところもありました。しかし、私は親族承継を避けて、資本は社外の法人に持ってもらうことを第一に考えてきました。同族企業から脱皮して資本と経営を分け、広く社会に開かれた企業を目指したかったのです。

ご承知の通り、ＩＴ人材は今後不足してくるため、多くの上場企業が積極的にＭ＆Ａを仕掛けてきているのが現状です。本社にも自宅にも何を調べたのか、次から次にいろんな会社から話だけでも聞いてほしいと面接の問い合わせが絶えなくなっていました。

そのような中で有力な取引先に焦点を絞り、水面下で交渉しながら最善の資本提携の方法を模索してきました。実際に水面下で準備してから十年くらいかかったと思います。しかし、この試みはかなりハードルが高かったため、最終的には資本提携の話は流れてしまいました。

しかし、会社の将来のためにも従業員のためにも、ひいては自分自身も安心できるスキームをつくるため、何とかしたいという気持ちがお客様にも通じたようで、お互いの会社の利害が一致して、その後の提携話はとんとん拍子に進みました。おおよそ一年余り事業承継に関わる様々な準備を極秘裏に準備してきました。

そして二〇二三年九月二十二日に資本譲渡が成立しました。そして遂に同年十月一日より新生ジェイエスピーとして再スタートしました。

長年にわたり育ててきた会社でもありますので、従業員にとっても安心できる、そして皆が胸を張ってこれからも働ける環境を目指してきました。千載一遇のチャンスに巡り合えたと考えております。

おそらく五年、十年後にはジェイエスピーは更に飛躍して、素晴らしい企業へと成長していると予想しています。私自身もジェイエスピーの将来を大変楽しみにしています。

# あとがき

幼い頃から両親のもとで育ってこなかった私は、人生を終える時に「子どもは親次第だ」と人様から揶揄されることがないようにと生きてきました。無事に成人して社会人となり、今日に至ったことを多くの方々に感謝申し上げます。

自分の家庭生活を振り返ると、早くに結婚して、親として二人の女の子を育ててきましたが、平凡な家庭でも温かみのある暮らしを優先してきました。子どもたちが私のように家庭崩壊に悩まされないようにと願ってきましたが、子どもたちに寂しい思いをさせなかったことが良かったように感じます。近年は離婚家庭も増えてひとり親家庭で子どもを育てている方も大勢いるといわれています。結婚は他人同士がするものですから育った家庭環境も違うのは当然です。

社会人編では予期せぬ建設業界に身を置いた話をしてきましたが、人情味のある付き合いが多かったために、社内外の人間関係から商売というものを根本から教えられた気がします。

残念ながらまったく違う世界に転職したので、人脈から業務までゼロから出直すことになりました。しかし、経営者という企業の経営を担わざるを得ない立場になったことで、人生においてもっと大きな収穫を得たように感じます。

零細企業から今日の企業に至る過程までの経験は、大企業のサラリーマンで過ごしていれば決して経験できないものです。何が一番辛かったかと言えば、日々の資金繰りや人の採用で苦労したことに他なりません。日本において起業しようという人が増えないのは、金銭的なリスクを経営者個人に押し付けることを当然とする世の中だからだと考えます。貸す側の責任はあまり問われず、借りた側だけ一方的に責められる風潮が未だに変わらない現実です。

私が長年の会社経営において目指してきたのは、自己資本比率を常に意識して経営することです。内部留保は利益を出すことによって溜まりますが、多くの企業では利益を吐き出して節税だと間違った考えをしているように思います。そのためいずれは銀行から頭を下げて借りてほしいというレベルの企業にしたいという目標がありました。それが今日漸く実現できました。つまり、銀行と立場が逆転したというわけです。

業績が年を追うごとに向上し、オーナーとして事業承継が最大の問題となってきたことを銀行側からの指摘でやっと気づいたのです。そこでここ五年間は真剣に事業承継に関して考えてきました。お蔭様で不可能ともいえるスキームが成立し、長年の苦労が報われた気がいたします。企業においても従業員においても将来が見込まれるような経営環境をつくることが経営者の最大の務めだと考えます。これまで四十年近く頑張って今日を迎えたことが本当に良かったのです。

繰り返しますが、会社経営は大変魅力的な仕事だと感じます。社長に無理やり就任した時は経営者として実力が伴っていなかったのですが、幾多の失敗を繰り返すことで経営手法の要領を学びました。自分を客観的に見ることは重要です。そのためには異業種交流を通じて他社の経営者から良いことも良くないことも謙虚に学ぶのです。どんなに経営書を読んでもそれだけで経営者として成長することはできません。

日本は起業率が低いと以前からいわれています。理由はベンチャーを育てようという意識が学校教育や社会人になっても乏しいからだと思います。

私も大学を出たら安定した大企業に入ろうと考えていました。多分、声が掛からなければ敢えて火中の栗を拾ったりしなかったと考えます。決断したからには後戻りはできないので、与えられた役割の中で最善を尽くすしかないと思います。与えられた人生を決して後悔したくないからです。

もし行動を起こすならば三十代の早いうちが体力も活力もあるので望ましいと思います。

大学を出て即起業しようとする人がいますが、五年から十年は大きな組織で十分に学んでからのほうが失敗の数は少ないと思います。経営に失敗は付き物なので、後々の糧になると考えて失敗を極端に怖がらないことです。サラリーマンもキャリアを積みベテランの人材となりますが、現場からステップアップしないと人間的に成長は限られてきます。

私も大企業時代は将来経営陣としての立場を目指そうと考えていました。役職が上がることによって苦労もしますが、やりがいが増えることに間違いはないからです。中小企業に入るのならばその可能性は大きいので、活躍ができる企業であれば規模は関係ないのではないでしょうか。

大学時代には新宿西口の家電量販店に頻繁に通っていたので、そのうちに顔を覚えられたのか店員さんから入社を勧められたりしました。その当時は創業者も将来は社員にのれん分けすると宣言していましたが、半世紀過ぎてその会社が大企業になっても経営者は創業者一族のままです。折角期待して入社した人たちは気の毒ですが、頑張れば将来は経営陣になれるかもしれません。いろんなことを考えますと、若い人は可能性が大なのでチャンスを活かさなければ折角の人生が勿体ないと思います。

拙い文章ですが、漸く出版する決断に至ることができました。まだ元気なうちに僅かでも書き記すことができて幸いに思います。

サラリーマンとして一生を過ごすか、起業して経営者としての道を歩むかは人それぞれ自由だと考えます。もし起業するならば、先ずは設立のための資金を貯めて、自己資金一〇〇％で会社を設立することをお勧めします。他人から資金を借りたり、共同出資の経営は、最初は仲良くスタートできても後々経営方針や資金の使途でトラブルを招きかねません。学生起業家も否定はしませんが、できれば五年くらい社会人経験を経てから起業にチャレンジしたほうが成功確率は高いと考えます。

肝心なことは、サラリーマンでも起業家でも中途半端に仕事を諦めないことです。仕事を継続することで実力が徐々に身につきます。私もがむしゃらにいろんな仕事を経験したから転職の際も自信につながりました。転職するにも起業するにも、企業で多くのことを学んだほうが転職先でも起業する際にも自分の力を活かすことができます。

また起業する時は一人でも、会社の経営を維持していくためには周囲の支えが必要となります。働いてくれる人を大切にしなければ周囲の協力は得られません。

若い頃から経営哲学を書物や他人から学ぼうとする心がけや行動が必要です。いつまでも勉強家と言われるくらいの経営者でありたいものです。

経営にはリスクはつきもので、リスクをどのように軽くして経営を安定させていくかが重要です。将来の事業承継も視野に入れながら会社のあるべき将来の姿を描いていきたいものです。


最後になりましたが、これまで長年にわたりご指導ご鞭撻を頂きました多くの皆様、今日まで弊社を見守りいただき本当にありがとうございました。衷心より厚く御礼申し上げます。

妻・恵津子は会社が困難な時も私と厳しい環境に耐え忍んで、子育てをしながらいつも温かい家庭をつくってくれました。今年で結婚から四十六年になりますが、お互いに心身ともに健康であることが何よりの幸せです。

長年苦労をかけ続けてきた妻に、心からの感謝を送ります。

二〇二四年吉日

稲田彰典

〈著者紹介〉
**稲田彰典**（いなだ あきのり）
1952（昭和27）年福岡県生まれ
幼少時に熊本県天草市へ移住して高校卒業まで過ごす
明治学院大学法学部卒業後、前田道路株式会社へ入社
同社退職後、株式会社日本システム計画(現・株式会社ジェイエスピー)へ入社
1988年10月代表取締役社長へ就任
2024年6月社長退任と同時に取締役へ就任
現在に至る

**逆境《ぎゃっきょう》へのドロップキック**
**新聞奨学生《しんぶんしょうがくせい》だった青年《せいねん》が経営者《けいえいしゃ》になるまでの物語《ものがたり》**

2024年10月11日　第1刷発行

著　者　　稲田彰典
発行人　　久保田貴幸

発行元　　株式会社 幻冬舎メディアコンサルティング
〒151-0051　東京都渋谷区千駄ヶ谷4-9-7
電話　03-5411-6440（編集）

発売元　　株式会社 幻冬舎
〒151-0051　東京都渋谷区千駄ヶ谷4-9-7
電話　03-5411-6222（営業）

印刷・製本　中央精版印刷株式会社
装　丁　　弓田和則

検印廃止

ISBN 978-4-344-94928-7 C0095
幻冬舎メディアコンサルティングＨＰ
https://www.gentosha-mc.com/